KB202481

오토바이에 **복음**을 싣고

오토바이에 복음을 싣고

초판1쇄 인쇄 | 2020년 4월 2일
초판1쇄 발행 | 2020년 4월 5일

지은이 | 구영옥
펴낸이 | 김진성
펴낸곳 | 빛나래

편   집 | 김성우, 허강
디자인 | 이은하
관   리 | 정보해

출판등록 | 2012년 4월 23일 제2016-000007호
주   소 | 경기도 수원시 장안구 팔달로237번길 37, 303(영화동)
대표전화 | 02) 323-4421
팩   스 | 02) 323-7753
전자우편 | kjs9653@hotmail.com

값 14,000원
ISBN 978-89-97763-32-0 (03230)

오토바이에 복음을 싣고

국민일보 창간 때부터 22년간 신문 배달로 사역한

구영옥 권사의 문서 선교 열정과 신앙 이야기!

구영옥 지음

이 책은 예수님을 만난 후
신앙이 자라면서 겪은 일들을
솔직하게 풀었다.
지난 시간을 생각하면 아프다.
그러나 문제 속에 늘 승리의
모습으로 먼저 찾아와
위로해주셨던 주님을
어찌 잊을 수 있으랴.

벗나래

머리말

하나님이 명하신 문서 선교사의 길

올림픽이 열린 해인 1988년 12월 10일은 기독교 종합일간지 '국민일보'가 창간된 날이다. 하나님은 내게 하나님의 말씀이 녹아 있는 이 신문을 유통하고 보급하는 지국장의 사명을 22년 동안 감당케 하셨다.

이제 물도 지나고 불도 지나온 칠십 평생의 내 인생 여정을 되돌아보려 한다. 하나님께서는 내 삶의 이야기, 특히 국민일보와 관련된 이야기를 쓰기 원하셨다. 그동안은 나 자신이 너무 부족하다고 여기며 미적댔다. 그러나 열매 못지않게 과정을 중히 여기시는 하나님이심을 알기에, 용기를 내려 한다.

나보다 더 나를 잘 아시는 주님이 아무 공로 없는 작은 나를 쓰시겠다고 하심은, 원하시는 곳에서 국민일보를 사랑하는 나를 보셨기 때문이라고 생각한다. 하늘 문을 여시고 쌓을 곳이 없도록 부어주신 은혜의 낟가리를 풀어 더 많은 이들과 주님의 양식을 나누고 싶다. 부끄러운 것도 진심으로 쓰면 성령님은 모든 것이 합력하게 선을 이루게 하실 것이다.

이 글은 10년 전 지국장 현역 시절에 《오토바이 타는 여자》라는 제목의 증정용 소책자를 만들었을 때 썼던 것을 바탕으로 했다. 재작년부터 갑자기 국민일보 외형이 작게 배달되었다. 무슨 일이 생겼나 궁금하기도 하고, 살짝 걱정도 되었다. 그 순간 나도 모르게 문서 선교사 명함이 생각났다. 남아 있는 명함 수만큼 내 일을 팽개치고 있지는 않은가 하는 생각에, 다시 글을 쓰자고 결단하게 되었다.

이 책은 예수님을 만난 후 신앙이 자라면서 겪은 일들을 솔직하게 풀었다. 지난 시간을 생각하면 아프다. 그러나 문제 속에 늘 승리의 모습으로 먼저 찾아와 위로해주셨던 주님을 어찌 잊을 수 있으랴. 우리는 흔히 문제의 해답을 원하며, 기도할 때마다 제발 콕 집어서 정확한 해결책을 달라며 애를 태운다. 그러나 해답의 길이 열릴 때는, 잠잠히 감사하면서 나의 현재를 점검했을 때였다. 회개하고 기도에 열중할 때, 끝나지 않을 것 같은 문제도 반드시 길이 보였다.

전에 펴낸 책자를 읽으신 몇 분이, 이 글을 신앙에 들어선 지 오래되지 않은 사람들에게 읽히고 싶다고 하셨다. 주님이 함께 하셨던 내 삶 속의 체험들이 누군가에게 그런 생각을 하게 만들 수도 있겠다 싶다. 과거의 나처럼 이제 막 주님을 만나신 분들이 이 책을 읽으며, 시간이 필요한 문제의 길에서는 절대 뛰지 말고 천천히 걸어야 함을 간접적으로 체험했으면 좋겠다. 완전한 시간표를 가지고 계신 주님과의 동행은, 내게 인내를 배우게 하셨다.

지금도 각양각색의 새로운 문제들이 계속해서 내 주위를 넘나들고 있다. 하지만 이제는 크고 작은 문제를 매일의 양식으로 여기는 연습에 익숙해지기로 했다. 그런 마음으로 거짓 없는 사실을 녹여 하나님의 은혜 안에 살아온 나를 썼다. 남편이 예수님을 믿게 된 일, 막내아들의 교회 개척 이야기, 지금 내게 주신 일 터까지. 이 모든 일을 주님께서 친히 인도하셨다. 광야와도 같은 길을 걸어온 국민일보가 지쳐 있을 때, 생명수를 공급하는 말씀의 마중물이 되기를 바라며 썼다.

내게 국민일보는 말만 들어도 뭉클한 단어다. 창간했을 때부터 나는 늘 알곡을 까부르는 키를 연상했다. 그 속에 말씀이라는 알곡을 배부르게 먹이는 양식의 공급처가 되기를 바라고, 또 바랐다.

내 능력엔 한계가 있다. 그러나 내 안의 한계를 뛰어넘게 하시는 성령님을 의지하여 나아가고 싶다. 국민일보가 하나님의 손에 들린 키 안에서 알곡으로 머물러 있다면, 우리 크리스천들의 가정으로 들여 양식으로 삼음이 마땅하지 않을까 생각한다.

봄을 맞은 김포에서

구 영 옥

하나님을 향한 순종의 길

저마다의 삶이 어느 한 자리 어느 한순간 녹록했을 사람이 어디 있을까만, 마땅히 갈 바를 알지 못하고 길을 나선 저자 구영옥 권사를, 하나님은 문서로 복음을 전하는 사람으로 세워 주셨다.

하나님을 향한 뜨거운 마음과 복음을 전하려는 의지가 전 재산이었던 그는 국민일보가 창간되던 1988년부터 지국장을 맡아 22년간 신문보급을 통한 복음 전파 사역에 전념해 왔다. 하나님께서 손에 쥐어준 '국민일보 지국장'이라는 명함을 들고, 구영옥 권사는 비가 오거나 눈보라가 몰아치는 날에도 오토바이에 국민일보를 싣고 산비탈길과 흙먼지 이는 강화·김포의 시골길을 하루도 거르지 않고 누볐다.

출애굽한 이스라엘 백성이 가나안에 입성할 때까지 머물러야 했던 광야의 40년은 그에게도 고스란히 겹쳐 있다. 예수를 영접하기 전 남편의 핍박과 조롱, 크고 작은 오토바이 사고로 인한 신체 부상, 자녀문제, 가정의 경제난……. 그러나 하나님의 시간표에 갇혀 지낸 그 인고의 시간은 오늘 믿음의 풍성한 유산이 되어, 그의 가정에 복음의 불을 환히 밝혔다. 그 사랑과 은혜는 떠나지 않은 구름기둥과 불기둥처럼, 고단하고 힘겨웠던 눈물의 시간을 기쁨과 감사로 바꾸어 주셨다.

그리고 하나님께선 그 명함 한 장 속에 저자가 앞으로 걸어야 할 길을 예비해 두셨다. 그가 이 세상을 향해 작은 목소리로나마 자기 언어를 전할 수 있게 인도하신 것이다. '국민일보가 생명수를 공급하는 말씀의 마중물이 되기를 바라며 이 글을 썼다'고 머리글에서 밝힌 것처럼, 예나 지금이나 구영옥 권사의 바람은 딱 하나다. 국내 기독교계의 유일한 종합일간지인 국민일보가 '삶에 지치고 진리에 갈급한 현대인들에게 생명수를 공급하는' 매체로 계속 성장해 나가는 것.

이 책은 한 집안의 제사장 격인 저자가 인생의 문제를 만날 때마다 그것을 매일의 양식(만나)으로 여기며 순종을 연습해온 신앙 여정에 대한 기록이자, 지금까지 인도하시고 동행해 주신 하나님의 은혜에 대한 감사와 찬양이다.

남은 생애 또한 이 일에 나팔수가 되기로 작정하고, 오늘도 누군가에게 국민일보를 내밀며 복음을 전하고 있을 구 권사님의 열정과 헌신에 경의와 응원을 보낸다.

봉은희 (작가, 스토리 셰프)

주님의 은혜와 위로가 함께 하소서

마라톤 같은 우리 인생 여정을 주님과 함께한다는 건 매우 복된 일이다. 마라톤을 하다 보면 숨이 차올라 포기하고 싶을 때도 있다. 하지만 곁에서 뛰는 사람과 함께하다 보면 힘이 나고 감당할 용기가 샘솟는다. 인생이라는 마라톤도 마찬가지다. 곁에 계신 주님과 함께하면 결승점이 보이지 않아도 힘을 내고 기쁨으로 모든 것을 감당할 수 있다.

나는 어머니인 구영옥 권사님이 온갖 어려움 속에서도 미련하리만큼 하나님께 순종하며 살아오는 것을 지켜봐 왔다. 주님을 너무 좋아하셔서 하루가 멀다 하고 교회로, 기도원으로 나를 데리고 다니셨다. 그러다 국민일보 창간 소식을 들은 후부터 문서 선교사가 본인의 사명이라는 확신을 가지고 헌신하셨다.

어려운 환경에서도 돈이 되지 않는 국민일보를 돌리시다가 어떤 날은 피멍투성이로 집에 들어오곤 하셨다. 신문을 돌리기 위해 오토바이를 몰고 시골길을 가시다가 자동차를 만나거나 빙판길, 빗길에 넘어지거나 논에 빠져 피멍투성이로 집에 돌아오시던 모습이 지금도 생생하다. 그것을 감당하셨던 이유는 주님이 주신 '사명'이었으리라.

이 책을 써내려가는 과정도 스스로의 결정이 아닌 기도하는 중 주님의 음성으로 시작되었다. 주님께서 맡겨 주셨지만, 책을 써보지 않았던 권사님은 써내려갈 방법을 몰라 얼마나 기도에 전념했는지 모른다. 기도하면 할수록 주님의 이끄심이 있었고, 그 이끄심으로 책을 써내려 가셨다. 시작도 못하던 글이 가속을 내기 시작하고, 그리 오랜 시간이 걸리지 않아 이렇게 한 권의 책이 되어 나왔다. 그런 모습을 곁에서 보았기에 이 책은 주님이 써내려 가신 것임을 믿어 의심치 않는다.

이 책은 단지 본인을 드러내기 위함이 아니다. 주님께서 주신 인생이 선한 목적을 가지고 있으며, 주님께서 얼마나 놀랍게 이루어 가시는지를 보여주는 책이다. 아마도 신앙생활을 하며 인생의 쓴맛을 경험해본 사람이라면 충분히 공감하고, 주님의 위로와 은혜를 경험할 수 있을 것이다. 이 책을 통해 우리는 살아보지 않은 인생을 간접적으로 경험하고, 다시 한 번 뒤를 돌아보며 삶을 점검할 수 있을 것이다. 이 책은 그 역할을 충분히 수행할 수 있는 책이다.

조성웅 (놀라운 교회 담임목사)

C O N T E N T S

01 장

오토바이 타는 여자

02장

하나님께 빠진 여자

03장

신문에 빠진 여자

1장

오토바이 타는 여자

나는

앉아 있을 땐
내가 보이지 않는다

누워서 눈 감으면
섬처럼 쓸쓸히 솟아 있는
그냥
덩어리

내가 날 거느리고 사느라
지독한 허기로
바닥까지 질질 끌고 다녔다

내팽개쳐진 외로움을
평안함이 건드려
터뜨려진 아우성은 날 찾아내고
천천히 아주 천천히 쪼개버린다

앉은뱅이 일어선 상식도 깨어지고
내가 누구란 걸
만지고 다스려 깨달아 간다

나조차 몰랐던 내 안의 난
만세 전 비밀의 문에 숨어서

앉아선 볼 수 없었던
이제야 보이는
난,
그분의 것이었음을

작은 자보다 더 작은 나에게

나는 그날을 잊지 못한다. 2004년 6월 9일 수요예배 시간이었다. 전날에 이어서 '세계관의 변화'란 제목으로 수요예배를 겸하여 드렸다. 미국의 LA 교회를 섬기시는 고승희 목사님께서 4일간 세미나를 인도하고 계신 중이었다. 고승희 목사님의 말씀이 모두 끝난 후 10분 동안 묵상을 했다.

그때 하나님께서 갑자기 내게 환상을 보여주셨다. 큰아들 가족 셋이 뙤약볕 속을 걷는 모습이었다. 쨍쨍 내리쬐는 태양 아래의 광야, 꼬질꼬질한 얼굴들. 다 떨어진 모자를 하나씩 쓰고 발에는 깡통을 찼는데 힘이 드는지 아무 말 없이 걸어가고 있었다. 불평과 불만, 짜증과 억울함이 묻어 있는 것이 얼굴에 그대로 보였다. 전체적인 느낌이 말은 안 해도 충분히 알 수 있었다. 내가 바라보는 쪽에서 볼 때 왼쪽으로 가고 있었다. 맨 앞에 아들이 가고 뒤에서 며느리가 오른쪽에 손녀 우희의 손을 잡고 가고 있었다.

'왜 이 장면을 보여주신 걸까?'

기도하면서 잠시 생각해보았다. 당시 우리 애들은 재정 문제로 우리에게 불만이 많았다. 그렇게 생각한 순간 마음에 와닿는 것이 있었다. 그때 내 마음에 소리 없는 음성이 확실하게 들렸다.

"너는 네 가정의 모세다."

내 가슴은 예사롭지 않은 광경에 감격하고 흥분되어, 자제할 수 없는 울음이 복받쳐 올라왔다. 하나님께서 나의 모든 것을 다 알고 있노라고 하시며 내 안의 답답했던 응어리들을 어루만지고 계신 듯했다. 우리 가정이 겪고 있는 고난을 그 한 장면을 통해 보여주셨다. 지금 내 위치는 모세, 바로가 움켜쥐고 있는 암흑의 권세로부터 우리 가족 한 사람 한 사람을 구출해야 한다는 생각이 들었다. 우리 가정의 광야 생활을 내가 진두지휘하고 있으니, 우리 가정의 모세라는 그 말씀에 수긍이 갔다. 감격의 눈물이 계속 쏟아져 내렸다.

"책을 쓰도록 하여라."

엉뚱한 말씀 같았지만, 사실은 몇 달 전부터 고민하던 문제를 확증시켜 주시는 거였다.

'제가 어떻게 그 일을 할 수 있습니까?'

혹여 내가 잘못 들은 것은 아닌지 정신이 하나도 없었다. 2004년 1월 8일, 《천국은 확실히 있다》라는 책을 사서 읽은 기억이 났다. 조용기 목사님이 추천하신 이 책이 국민일보에 소개되자, 나는 얼른 주문을 했었다. 예수님과 주남 여사의 특별한 체험을 읽으면서 은혜를 받았고, 나도 예수님께 특별히 기억되는 사람이길 바라며 읽었다. 그 와중에 내 마음이 무언가에 사로잡힘을 느꼈다.

"너도 책을 쓰거라."

어리둥절할 뿐 쉽게 받아들이지 못하고, 내가 음성을 잘못 들었다고 무시해 버렸다. 주남 여사를 부러워한 나머지 헛소리를 들었다고 여기며 대수롭지 않게 생각했다. 그런데 자꾸만 똑같은 생각에 사로잡혀서 멍하니 있다가 놀라곤 했다.

나는 전도를 잘하는 것도 아니고 실수도 잦다. 거룩하지도 못하고, 생활이 윤택해서 구제를 많이 할 수 있는 형편도 아니었다. 재정을 제대로 다스리지도 못하고, 사랑을 잘 표현하지 못해 봉사하러 다니면서 소외된 자들을 힘껏 껴안아 주지도 못했다. 그저 이십 년 넘게 국민일보를 열심히 배달한 것이 다라면 다였다. 이런 면에서 늘 주눅이 들어 있었기에 성령님의 음성에 진지하게 반응을 할 수 없었다. 그래서 그런 생각도 억지로 밀어내던 중이었다.

그런데 연거푸 말씀이 들려오자 무지함과 부족함을 내세워 숨는 것이 겸손이 아니란 생각이 들었다. 못 들은 척 있자니, 자꾸 생각이 나고 불편한 마음에 견딜 수가 없었다.

어느 날 철야예배 시간이었다. 이번에는 하나님의 확실한 음성을 듣기로 작정하고 집중적으로 간절히 기도했다. 마음에 확신을 주셨고, 평안함과 설렘이 기쁨으로 바뀌었다.

"이 세상의 크리스천 중에는 훌륭한 믿음의 소유자보다 네 수준의 평범한 사람들이 수적으로 더 많단다. 그들에게 네가 그동안 살아온 삶과 국민일보 지국을 운영하며 겪은 이십여 년의 세월을 쓰면 된다. 스스로 부족하다고 생각하는 것까지 사실대로 쓰면 된다."

내가 훌륭해서 시키시는 것이 아니라고 하시니 비로소 마음이 편안해졌다.

"더욱 더 많은 사람이 보아야 할 신문인데 소홀히 생각하는 크리스천들이 너무 많아서 안타깝다. 네가 그동안 아파했던 일, 기뻐했던 일, 보람으로 여겼던 일들을 쓰거라. 그들이 읽을 때, 내가 그들의 마음을 움직일 것이다."

그제야 내 삶을 쓰는 일이 내게 주어진 사명으로 받아들여졌다. 지금까지 운영해온 국민일보의 경험들을 세상에 널리 알림으로써, 구독의 필요성과 중요함을 알리시려는 계획이셨다. 국민일보의 진가를 모르고 허투루 지나치는 많은 이들에게 신문을 읽게 하시려는 주님의 절박함이 나를 선택하셨다는 걸 깨달았다.

내가 예수님을 믿는다면서 살아온 거룩한 삶이란 무엇일까. 하나님께서는 나 같은 사람도 필요하시다면서 손을 내밀고 계셨다. 어느 한구석에서라도 내가 필요하다고 하시니, 즉각 반응하고 성실히 그 뜻을 품고 이행하는 길이 나에겐 거룩한 길이라는 생각이 들었다.

이제는 쓰리라

동네방네, 김포시 구석구석, 오토바이를 타고 배달할 신문을 손에 들 때마다 늘 생각했다.

'이 길을 오늘도 가고 내일도 가겠지만, 예수님이 원하셔서 내게 허락하신 이 길이야말로 천국으로 향하는 나만의 길이다….'

나는 설교자가 되려는 것이 아니었다. 어떤 계획을 갖고 쓰는 것도 아니었다. 쓰라고 하시니까 쓰도록 도와주실 것을 믿고, 쓰고 난 후 나머지 될 일들도 오직 주께서 이루실 줄을 믿고 있을 뿐이었다.

'그런데요, 하나님. 저는 지금 재정으로 너무 힘들거든요. 제가 십일조 하는 거 보시고 감동하셔서 그날 저에게 말라기 3장 10절 말씀 주셨잖아요. 그래서 십일조도 잘하고 있는데 왜 이렇게 사는 게 힘든 건가요?'

나는 주님을 만난 이 순간이 절호의 기회라며 또 재정 문제를 들이대며 궁시렁댔다.

만군의 여호와가 이르노라. 너희의 온전한 십일조를 창고에 들여 나의 집에 양식이 있게 하고 그것으로 나를 시험하여 내가 하늘 문을 열고 너희에게 복을 쌓을 곳이 없도록 붓지 아니하나 보라. (말라기 3:10)

그때 하나님의 말씀이 내 마음으로 들어오셨다.

"복을 쌓을 곳이 없도록 부어주신다고 했는데, 복은 재물만을 말하는 것이 아니다. 내가 네 가정에 영적인 축복을 얼마나 많이 주고 있는지 아느냐. 책을 다 쓰고 나면 황충이 먹게 한 재물을 배로 회복시켜 쌓을 곳이 없도록 해주겠다."

형용할 수 없는 감격이 밀려와 숨을 못 쉴 정도로 눈물을 펑펑 쏟았다. 사망의 음침한 골짜기라고 명명했던 재정 문제가 해결되는 것에 대한 감사가 내 가슴에 일제히 꽂혔다. 앞으로 어떤 힘든 일이 몰려온다 해도 하나님의 말씀은 지극히 지당하고 합당하신 것들뿐이리라.

그러자 이 모든 것이 내게는 유익한 고난이라는 생각과 함께 배짱이 생겼다. 누구에게도 밝힐 수 없는 하나님과 나, 단둘만의 속삭이는 대화였지만 정확한 메시지였다.

'감사해요, 주님. 고난의 세월이 너무 길어서 힘들었어요.'

"그래야 쓸 것이 많지."

그 말씀이 마치 예수님의 농담처럼 들렸다. 부흥회 둘째 날이면서 수요예배를 겸하여 드린 그 날의 말씀 중에, 믿음의 선진들이라고 불리는 분들의 삶을 얘기하는 부분이 있었다. 이십여 년이라는 광야와 같은 험한 세월을 겪으며 인내하고 난 후 받게 된선진들의 축복을 들었다. 아브라함도 이십여 년을 광야와 같은험한 세월을 겪으며 인내하고 난 후 복을 받았다. 이삭도, 야곱도, 요셉도, 다윗도, 바울도 그랬다.

가만히 생각해보니 내가 광야라고 생각하며 지낸 세월도 벌써 이십오 년에 접어들었다. 그분들과 고난의 세월이 비슷한 것에 대한 동질감만으로도 묘한 뿌듯함이 생겼다. 억울하다고 여겼던 마음도 당연한 사랑의 방법이라 생각하게 되었다. 그때부터 하나님은 힘든 상황에서도 하나님을 원망하지 않게 하는 감사함의 은사를 내게 주셨다.

하나님은 내가 잘못을 찾아 회개하기까지 나를 고치기 위해애를 쓰셨다. 그때까지도 나는 몰아치는 고난에 대해, 나를 하나님의 뜻대로 쓰시기 위해 연장을 드는 것으로 해석했었다. 하지만 '언제까지 이렇게 살아야 한단 말인가?' 하는 의문이 늘 내안에 웅크리고 있었다. 고통에서 벗어나기 위해 금식하고 기도

하며 순종하려 애썼다. 고통 많은 내 삶이 다른 사람들에게 보일 때마다, 내 속살의 치부를 들키는 것처럼 부끄러웠다.

그러나 그날의 체험은 가슴을 펴고 소망을 품을 수 있는 전환점이 되었다.

'아, 그래서 내 고통이 길었구나. 주님이 원하시는 모습이 되기까지 나는 얼마나 더 많은 고난을 즐겨야 하는가?'

모든 것은 하나님만이 알고 계실 뿐이다.

2004년 6월 6일 헌금 기도 시간에 주신 말씀도 심상치 않았다.

> 너희 안에서 행하시는 이는 하나님이시니 자기의 기쁘신 뜻
> 을 위하여 너희로 소원을 두고 행하게 하시니 (빌립보서 2:13)

내게 행하시려고 소원을 두고 계신 일이 '하나님의 기쁨을 위하여'라고 하셨다. 세미나 이틀 전부터 생각지도 않았던 작정 예배를 집에서 은혜 가운데 드리도록 하셨다.

첫째 날(6월 8일)은 세계관(World View)에 대해서 말씀하셨다. 물리적으로 보는 것이 아니고, 어떤 생각을 가지고 세상을 보고 있는가에 관한 것이라 했다. 세계관의 교체가 회개라고 하셨다.

하나님의 시선을 의식하지 못했음을 인정하는 것이 진정한 회개라고 말씀하셨다. 20억 개의 세포로 구성된 우리의 몸, 세포 하나마다 세계가 들어 있다. 눈에 보이는 것만 존재하는 것이 아니다. 영계가 있음을 인정하고 나가는 것이 믿음이라고 하셨다. 3차원에 살면서 4차원을 경험하는 것이 믿음 생활이니만큼, 지금까지 보지 못한 곳을 관찰할 수 있는 눈을 뜨라고 하셨다.

첫째 날부터 부어주시는 말씀에 은혜를 받았는데, 둘째 날을 맞아 내 인생의 역사적인 사건을 체험했다. 욥은 고통 후에야 하나님의 도우심이 없으면 스스로는 아무것도 아님을 알게 되었다. 내 관점을 깨뜨리지 않으면 하나님께서 직접 깨뜨리신다. 이스라엘 백성을 출애굽시켜 광야를 거치게 한 것처럼, 크리스천은 세계관이 변화하는 과정을 겪는다고 하셨다. 관점의 전환을 가져온 믿음의 선진들에 대해 한 분, 한 분 설명해 주셨다. 그리고는 묵상 중에 보여주신 환상과 내 삶에 거룩한 숙제를 명하셨다.

'어떻게 써야 하나?' 하는 걱정을 하며 셋째 날(6월 10일)을 맞았다. 하나님은 바로 그날 내게 방법을 알게 하셨다. 아프리카에서 어떤 젊은 선교사가 갑자기 죽게 되었는데, 발견된 일기장이 베스트셀러가 되었다고 말씀하셨다.

'아, 나도 그분처럼 지난날을 차례차례 기록하는 형식으로 쓰면 되겠구나!'

어떻게 써야 하는지 암담해하는 내게 응답하시는 성령님의 음성이라고 생각했다. 받을 자격조차 없는데 주시는 선물이 은혜라고도 말씀하셨다.

넷째 날은 크리스천이 가져야 할 세계관에 대한 말씀으로 마치셨다. 환상을 보고 대화를 나누는 엄청난 체험으로, 나는 주님과 은밀한 관계가 된 것 같은 기쁨이 밀려왔다. 다른 사람에게 얘기하지 말라는 언질을 하나님으로부터 받은 것 같아, 조별로 나눌 때는 아무 얘기도 하지 않았다. 퉁퉁 부은 눈을 모두 궁금해했지만, 나는 흥분을 애서 눌렀다.

'제대로 기억이 날까? 하나님이 시키셨으니까 기억나게 하시겠지. 어떻게 쓸 것인가도 일일이 가르쳐 주실거야.'

적어도 그날은 며칠 만에 책 한 권을 다 쓸 것 같은 생각이 들었다. 난 기록하기 좋아하는 습관이 있다. 가계부를 쓰지 않으면 무언가 할 일을 하지 못한 것 같아 개운치 않았다. 결혼 전과 결혼 후 몇 년 동안의 것도 양이 많은데 보관의 필요성을 못 느껴 버리고 말았다. 그래도 1992년 8월부터 지금까지 보관하고 있는 것이 지난날을 기억하는 데 도움이 될 것 같았다. 재정적으로 여유가 없다 보니 입금과 출금만 적고 잔액은 적지도 않는 가계부지만, 군데군데 그날의 간략한 특징적 메모가 있어서 고마웠다. 10년 정도의 묵상 노트와 일기장도 있으니 준비시키신 하나님의 계획이란 확신이 들었다.

이런 체험들이 나를 왕 같은 제사장으로 삼으셨다는 사실을 깨닫게 하고, 이 땅에 사는 분명한 목적의식을 갖게 했다. '어디에서 와서 왜 살며'의 부분을 충족시켜 주셨다. 국민일보 지국을 운영하면서 남다른 과정을 겪은 내 삶이, 하나님께 선택될 수밖에 없었던 어떤 요인이 되었다고 생각했다. 그리고는 본격적으로 책을 쓰게 된 불쏘시개 같은 상황을 맞게 되었다. 김포 순복음교회 새 성전 입당 예배에 조용기 목사님이 오신다는 것이었다.

그동안 글을 쓰지 못하고 미적미적하면서 나의 게으름만 허구한 날 회개하고 있었다. 되돌아보니 4년이 되도록 끄적대기만 하고 있었다. 그러니 내 심정이 어떻겠는가. 매일 안절부절, 자신을 부끄러워하며 살았다. 썼다가 찢고, 다시 써봤자 신통치 않아 노심초사한 날이 많았다.

'하나님께서 이 잔을 다른 곳으로 돌리시면 어쩌나. 인내하시다 포기해서 외면하시면 어쩌나.'

가슴이 늘 서늘했다. 그동안 하나님께서 나의 많은 부분을 고치시고 다듬으신 것을 나는 알고 있었다. 전도의 문을 여시고, 남을 긍휼히 여기는 마음을 심어 주셨다. 많은 것을 보게 하셨고, 오로지 하나님만을 바라보며 반석 위에 서서 나가게 하셨다.

조용기 목사님이 오신다는 말씀에 바빠진 것은 또 다른 이유가 있다. 2004년 6월 9일, 말씀을 들은 후 삼일 뒤부터 며칠 동안 꿈을 꾸었다. 내가 조용기 목사님과 목사님의 가족들과도 꽤 친분이 있는 듯 함께 어울리는 꿈이었다. 2004년 7월 3일 꿈에서는 베이지색 점퍼를 입고 어린 아기를 추어올리시는 목사님과 대화도 나누었다.

"목사님, 제가 보여드릴 것이 있는데요."

꿈속에서도 간증 책을 보여드리고 싶어서 여쭈어보았다.

"무언지 가지고 오세요."

목사님은 흔쾌히 승낙하셨다.

나는 꿈속의 일을 생각하며 '원고가 되면 보여드리게 되나?' 하고 생각하고 있었다. 그런데 생각지도 않게 조용기 목사님이 오신다니 그제서야 때가 되었다는 생각이 들어 다시 열심히 쓰기 시작한 것이다. 보여드렸을 때 외면하실지 모른다는 생각이 들면 주저되기도 했다. 하지만 용기를 내어 드려보고 싶은 마음이 들었다. 조용기 목사님께서 국민일보를 창간케 하셨으니 나와 밀접한 관계가 있는 것은 당연했다. 국민일보가 한 부라도 더 읽히는 일이라면 도와주시리란 생각이었다.

성령님과 늘 함께하시니, 성령님의 뜻을 이루어 주실 것을 확실히 믿고 싶었다. 시간이 촉박하지만 쓰는 대로 써서 책이 나오도록 도움을 받고 싶었다. 하지만 나는 조용기 목사님께 드리지는 못했다. 그러나 중단할 수는 없기에 스스로 이런 상황에 대한 정의를 내렸다.

'목사님께 보여드리고자 하는 마음이 있었기에 그나마 시작할 수 있었어. 시작이 반이라고 하잖아. 많은 부분을 쓸 수 있게 도와주신 성령님께 감사하자.'

추억의 닻을 내리고

내 생일은 1950년 5월 7일이다. 6·25 전쟁이 일어나기 50일 전 인천 주안동에서 3남 4녀 중 셋째 딸로 태어났다.

부모님은 예수님을 전혀 모르셨다. 그때는 많은 가정이 어렵게 생활할 때였고, 우리 집도 힘든 세월을 보내고 있었다. 문제가 생기면 팔자로 돌리고 특별한 종교도 없었다. 주변 환경이 시골같은 곳에서 어린 시절을 보냈다. 아버지는 철도국에 다니셨지만, 가족들의 부양에 대한 책임감이 별로 없으셨다. 평소엔 말 한마디 제대로 하지 않으시다가 술만 들어가면 주정으로 이어졌다. 술주정이 시작될 때마다 터져 나오는 엄마의 넋두리가 너무나 싫었다.

엄마는 작은 외할아버지에게 속아서 아버지 같은 사람에게 시집왔다며 원망을 달고 사셨다. 여학교 선생님이 되고 싶었다고 하셨다. 방학 때마다 외가댁을 가면 시골인데도 큰 기와집에 마당이 넓고, 동산엔 개간한 포도 과수원과 밤나무, 감나무, 도토리나무들로 가득했다. 어머니는 아버지를 얕잡아 보는 경향이 있었지만, 당신의 짐이라고 생각하셨는지 묵묵히 힘든 살림을 꾸려나가셨다.

조선 왕조의 후손인 전주 이씨(李氏) 가문이라는 자긍심도 있으셨다. 왕손들이 제사 드릴 땐 큰 외삼촌도 참석하시려고 서울로 올라가셨다. 큰외삼촌은 인하대학교 1회 졸업생이셨고, 그 졸업식에서 이승만 대통령을 본 기억이 있다. 초등학교 3학년 때였던 것 같다. 둘째 외삼촌은 서울대학교 치대를 나오셨다. 그 영향인지 이종사촌 동생, 조카 할 것 없이 집안에 치과의사만 넷이 나왔다.

그런 가문인데도 어머니의 나이가 차니 적당한 데 시집이나 가라고 보내신 모양이다. 그게 한이 맺히셨는지 어머니는 무슨 일이 있어도 고등학교까지는 공부시켜야 한다는 신념으로 우리를 키우셨다. 그것이야말로 아무에게도 빼앗기지 않는 진정한 재산이라 믿으셨다. 그런 어머니 덕분에 우리는 고마운 마음으로 공부를 했다. 먹는 것 따위는 소홀해도 괜찮았다.

나는 인천에서 가장 명문이라는 인천여중에 시험을 치르고 들어갔다. 주안초등학교에서도 5명만 합격을 했다. 둘째 언니는 나보다 2년 먼저 인천여중에 들어갔다. 신발도, 교복도, 책가방도, 책도, 모조리 언니 것을 물려받았다. 창피하기도 했지만 집안 형편을 알기에 싫은 내색을 하지 않으려고 했다.

난 중학생 때부터 초등학생들을 가르치며 용돈을 벌어 썼다. 자존심 때문에 친구들에게 궁핍한 모습을 보이지 않았고, 그래서 아무도 집에 데려오지 않았다. 지금 생각하면 꽤 당당했다. 칠판에 납부금 안 낸 사람 명단이 적히면 내 이름이 꼭 들어갔다. 단골로 내 이름이 적혀도 난 아무렇지 않은 듯 천연덕스럽게 말했다.

"일찍 내면 뭐하니. 아무 때나 내기만 하면 되지."

부끄러움을 내색하지 않으려는 내 나름의 포장된 발언이었다. 어차피 집에 돈이 없는 것을 알기 때문에 최후의 경고 때까지 기다릴 수밖에 없었다. 엄마는 이런 나를 안쓰러워하셨다. 늘 대범한 척 괜찮다고 해서 그런 것일까. 이상하게도 형제 중에서 나만 힘들게 학교에 다닌 것 같다. '엄살을 좀 부렸어야 했나?' 하는 생각이 들기도 하지만 이미 지난 일이다.

고등학교는 장학금을 받기 위해 인천여상으로 갔다. 인천 앞바다가 훤히 내다보이는 학교였다. 여고 3학년 때는 김덕신이란 전교 회장과 시립도서관 화랑에서 시화전을 열었다. 우선 각목으로 사격형틀을 만들었다. 창호지에 풀을 발라 붙인 후, 팽팽히 마르면 그 위에 도화지를 붙이고, 그림과 글씨는 인천고 학생 두 명이 멋지게 그려주고 써주었다. 덕신이는 설명하듯 시를 썼고, 나는 압축된 단어를 사용했다. 교장 선생님께서 축하 화분도 보내주셨고, 많은 학생과 친구들이 와서 구경해 주는 것 자체가 나를 으쓱거리게 했다. 메아리 문학 동인회, 겨울 문학 동인회에 들어갔고, 문학의 밤과 같은 행사는 추억을 많이 만들어주었다. 이 시절 나는 내 안에 잠재된 감성이 흘러나와 나름대로 시를 썼다.

내 삶에 거울이 된 남편

나를 지금의 또 다른 모습으로 만든 사람은 남편이다. 남편은 나의 직장 동료였다. 친정어머니의 고향 친구가 사장님으로 있던 회사였다. 그분은 후에 국회의원이 되셨다. 어머니가 초등학교 다닐 때는 학교가 멀어 동네 남학생들과 논두렁 밭두렁을 지나고 산을 넘어 한 시간 이상씩 걸어가야 했단다. 그분들은 그런 추억을 공유한 친구들이다. 회사에 손님이 오셨을 때 경리과에 있던 내가 결재를 받으러 가면 사장님은 나를 소개하며 이렇게 말씀하셨다.

"미스 구 어머니가 얼마나 똑똑한지 반장까지 했었다구!"

그러면서 나에게까지 칭찬의 말을 아끼지 않으셨다.

나는 이때까지만 해도 남자를 보는 눈이 어설프고 판단력이 별로 없었다. 외모와 재력만 눈에 들어왔다. 마침 친정어머니의 외가댁이 시댁과 같은 동네여서 남편에 대해 알아보고 반대가 심했다. 바람둥이라는 것이었다. 하지만 내겐 이유가 될 수 없었다. 어떻게 하든 결혼만 하면 될 것 같아 고집을 피웠다. 우기고 이겨서 한 결혼으로 인해 닥쳐오던 시련들은 서서히 나를 무너 뜨렸다.

예수님을 전혀 알지 못하는 상황에서 겪은 고통이라 더욱 처절했다. 당시 내 나이는 22살. 남편은 27살이었다. 그때만 해도 김포시에 결혼식장이 없었기 때문에, 우파래 극장이란 어두컴컴한 곳에서 결혼식을 올렸다. 결혼식이 끝난 후 신혼여행을 가야 하는데 신랑이 혼수로 해간 장유리를 깨뜨렸다. 게다가 오른손 중지 중간에서 분수처럼 피가 솟구쳤다. 그걸 본 사람들은 내 팔자를 한탄했다. 면목도 없고 창피해서 친정에는 내색도 못 했다. 남편은 소문과 다른 게 하나도 없었다. 신혼인데도 매일 술을 먹고 바람을 피우느라, 직장도 안 다니고 새벽에야 들어오는 날이 허다했다.

나는 새벽까지 잠도 못 들고, 언제 남편의 발자국이 들리려나 귀를 세우고 날을 지새웠다. 몇 달을 그렇게 보내면서 나는 이혼을 생각했다. 어른들 말씀을 듣지 않은 벌을 받고 있다고 생각했다. 다행히도 시부모님과 손위 시누이들은 무조건 내 편이었다. 그분들께 인정받는 것은 그나마 살아보려는 이유가 되었다.

남편이 건달같은 생활을 하게 된 것은, 아쉬운 것 하나 없이 부자로 누리고 산 것이 원인인 것 같았다. 대학에 다니면서도 쌀장사를 하겠다고 돈을 타갔다고 한다. 장사에 목적이 있는 것이 아니고 마음대로 돈 쓰는 데 좋은 빌미가 되었을 것이다. 큰아들이 생기고 둘째 아들이 생겨도 여전히 정신을 못 차렸다. 바지를 빳빳이 다려서 최고로 멋을 내고는 할 일 없이 바빴다. 마음대로 술을 먹고 마음대로 외도를 했다. 도무지 무슨 생각으로 사는지 알 수가 없었다.

그런 남편에게 대여섯 번은 참았다가 몰아서 한 번씩 싸움을 걸었다. 한풀이였다. 이제 와 남편의 무능력함을 탓한들 무엇하겠는가. 그러나 너무 심한 바람기 때문에 둘째가 세 살이 되던 해, 나는 일주일을 졸라 이혼을 하고 말았다. 위자료는 한 푼도 받지 않고 그냥 이혼만 해달라고 졸랐다. 너 아니면 못 사냐 하는 생각뿐이었다.

나는 아이들을 두고 친정으로 가버렸다. 하지만 아이들이 너무 보고 싶었다. TV에서 우리 가정 같은 집만 봐도 서럽게 울었다. 그때 내가 예수님을 만났다면 그런 선택은 절대 하지 않았을 것이다. 그러나 말만 이혼이지, 어느 날부터인가 남편은 친정에 있는 나를 자주 찾아왔다. 그러니 나도 모르게 자식을 봐서라도 정신만 차리면 도로 살아야겠다는 생각을 하게 되었다. 남편의 사고방식은 전형적인 바람둥이였다. 어떻게 쌀밥만 먹느냐고, 때론 보리밥도 먹는다는 식으로 바람피우는 걸 합리화했다. 다시는 안 그럴 테니 용서해달라고 싹싹 빌었다. 결국에 나는 애들을 생각해서 일 년이 못 되어 다시 함께 살게 되었다. 호적에는 내가 첫째 부인이며, 또 둘째 부인이 되었다.

시부모님은 우리에게 집과 많은 전답을 물려주셨다. 남편은 일부를 팔아 '대우공사'라는 페인트 사업을 했다. 기술도 없으면서 사람을 사고 건성건성 하다 보니, 수금은 못 하고 빚이 자꾸 쌓여갔다. 있는 땅을 다 팔고 말았다. 지금은 김포 땅이 큰 재산이지만, 그때는 값도 안 나가던 곳이었다. 집 한 채가 겨우 남았을 때, 남편은 그 자리에 연립이라도 지어 팔려고 건축 허가를 냈다.

경험이 없다 보니 건축업자에게 부탁했는데. 그 사람은 기초 공사만 겨우 해놓고 잠적을 해버렸다. 가까스로 붙잡아 포기 각서를 쓰게 했는데, 이제는 남편이 공사를 할 수밖에 없었다. 그 연립을 지을 때 내가 10년은 늙은 것 같다. 중간중간 지을 돈이 없으면 친정어머니를 졸라 꾸어 온 돈으로 겨우 지어나갔다.

게다가 시어머님은 병환 중이셔서 대소변을 받아내야 했다. 엎친 데 덮친다고 할까. 막내가 태어난 지 얼마 안 되었는데도 나는 아이를 업고 다니며 일꾼들 새참까지 다섯 끼를 해댔다. 너무 힘들었지만 피할 수 없는 상황이었다. 시작한 일을 어떻게든 해야 했기에 12세대의 집을 거의 다 내 손으로 팔았다. 육신의 고통도 심했지만, 재정으로부터 오는 압박이 더 고통스러웠다. 열두 세대를 다 정리해 팔았지만 빚은 여전히 남아 있었다.

여호와 이레! 미리미리 예비하시고 준비하시는 하나님께서는, 이것을 시작으로 남편의 직업을 건축업으로 정해주셨다.

예수님의 신부로 단장하라

어느 날 연립 203호 경미네 집에, 중앙교회에서 목사님과 사모님과 또 한 분 집사님이 심방을 오셨다. 그분들이 가신 후 차 한잔 마시자며 몇몇이 경미네 집으로 올라갔다. 대화 내용이 자연스레 신앙으로 모여졌다.

"성경 말씀이 그렇게 훌륭하면 집에서 보면 되지. 저렇게 우르르 몰려다니는 꼴 난 보기 싫더라."

나는 정말로 꼴 보기가 싫어서 이렇게 한마디했다. 지금 같으면 절대로 하지 않을 말이다. 거기다가 나는 한술 더 떴다.

"야, 점쟁이한테 가서 물어봐. 얼마나 잘 맞히는지 속이 다 후련해져."

내게도 이런 모습으로 살았던 때가 있었다. 부끄럽다. 경미 엄마는 그러는 내 앞에서 펴보지도 않은 것 같은 새 책 하나를 들더니 왔다갔다했다. 그런데 뱉은 말과 달리 나는 그 책이 궁금해졌다.

"그게 무슨 책이야?"

"아, 조용기 목사님이 쓰신 책인데 보고 싶으면 갖다 보세요."

나보다 나이가 어린 경미 엄마가 조심스레 말했다. 조금 전까지만 해도 까칠한 말만 하던 내가 그 책에 관심을 보이니 속으로 얼마나 쾌재를 불렀을까.

그런데 참 이상한 노릇이었다. 왜 그렇게 그 책이 보고 싶던지. 나는 자존심 같은 것은 생각지도 않고 그 책을 빌려서 내려왔다. 조용기 목사님의 간증 책《주여 뜻대로 이루소서》였다. 밤새도록 다 읽었는데, 책장을 덮는 순간 가슴이 뛰었다.

당장이라도 여의도 순복음교회로 가보고 싶었다. 난 그때까지 여의도에 순복음교회가 있는지도 몰랐고, 조용기 목사님이란 분의 성함도 처음 알게 되었다. 더욱이 책 내용 중 폐병 3기의 몸을 치료하실 수 있는 하나님의 위력에 압도당했다. 난 마귀가 쳐놓은 철통같은 벽 속에 갇힌 채 복음의 소식도 듣지 못하는 눈먼세월을 살았던 것이다.

그때까지만 해도 난 금정사라는 절에 가끔 다녔다. 시어머님이 그곳에 가족들 이름을 올려놓았기 때문에 초파일이 되면 절에서 엽서가 왔다. 등을 사서 걸어 놓도록 유도하는 내용이었다. 답답한 일이 생길 때면 절에 과일을 싸 들고 가서 절을 하기도

했고, 점쟁이도 찾아다녔다. 귀신도 영의 존재이기 때문에 지난 날을 곧잘 얘기할 때가 있는데, 나는 그것을 들으며 좋다고 생각했다. 신령한 점쟁이가 있다고 하면 잠을 설쳐가며 찾아다녔다. 그 당시에는 어느 정도 고통을 위로받기도 했다.

어떤 날은 안면이 있는 여자 점쟁이를 아예 우리 집으로 불러 왔다. 이왕이면 점쟁이에게 돈을 더 벌게 해주려고 동네 사람들을 우리집에 끌어 모았다. 영진 엄마는 그때 신랑의 지병을 고치려면 부적을 사야 한다는 말을 듣고, 안 사자니 찜찜해서 계를 부어 탄 돈으로 사기도 했다. 그 정도로 나는 열심이었다. 그런 내가 나중에 예수님을 믿고 영진 엄마에게 전도하는데, 정말 면목이 없었다.

나는 주로 남편의 바람기를 없애게 해달라거나, 부자가 되게 해달라고 찾아다녔다. 과천까지 찾아갔던 중년 여자 보살네 집에서 이부자리만 한 큰 부적을 사 와 깔고 자기도 했다. 부자가 되게 해달라고 한 달치 부적을 사다 동쪽 벽에 붙여 놓고는, 정성을 들여 빌고 절한 후 태우는 짓을 한 달 동안 하루도 거르지 않고 하기도 했다. 또 초사흘 날 저녁 해가 지고 나면 뒷산에 올라 세 가지 과일과 밥과 술을 사방에 뿌리며 산신에게 빌기도 했다. 이때는 나도 무서워서 세 아들을 모조리 데리고 올라갔다.

얼마나 흉측스러운 짓이었던가. 예수님을 믿고 나서 나는 정말 오랫동안 회개했다.

구약을 묵상하면서 끊임없이 우상을 섬기는 이스라엘 불순종의 자식들에게 무섭게 재앙을 내리시는 하나님을 보았다. 마치 내 영혼이 지옥을 향해 치닫다가 까마득한 절벽 앞에서 가까스로 제동이 걸린 것처럼 아슬아슬함에 소름이 돋았다.

지금도 점쟁이나 무당을 찾아가 앞길을 점치는 사람들이 얼마나 많은가. 기십 조원의 돈이 복채라는 이름으로 그들에게 돌아가는 실정이라고 한다. 그들이 무식해서가 아니다. 사탄의 궤계로 영이 묶여 있기 때문이다. 바로 옛날의 나와 같은 사람들이다. 그들을 긍휼히 여기는 눈과 마음을 갖고 영혼을 구원하기 위한 마음 밭으로 가꾸어야 할 것이다. 그들이 복음을 듣고 갇혀 있던 억울함에서 풀려나오도록 도와주어야 한다.

하루는 남편이 열심히 책 읽는 내 모습을 보더니 놀랐다.

"무슨 고시 공부하냐?"

그러나 이 순간 내게 가장 절박했던 문제는 재정이었다. 있던 재산을 다 날리고 채권자를 비롯해 주위로부터 고통을 당하다 보니, 이 일만 해결될 수 있다면 교회뿐만 아니라 아무것이라도 잡고 싶을 정도였다.

"폐병까지 고치시는 하나님, 내 빚도 갚아주세요."

나는 눈만 뜨면 기도했다. 하나님께 계속 빌다 보면 다 해결해 주실 것 같았다. 마침 작은 동서의 고모가 한 동네에 살았다. 친구처럼 지내는데 김포읍에 있는 제일교회에 다니고 있었다. 책 읽은 얘기를 하면서 여의도 순복음교회에 어떻게 가느냐고 물었더니, 올케가 그 교회 구역장이라며 바로 전화를 걸어주었다. 설레는 마음으로 주일을 기다렸다.

이틀 후에 그분과 영등포역에서 만났다. 따지고 보면 사돈지간이었다. 그분은 기뻐하며 정중히 택시에 나를 태우고는 교회까지 모시듯 인도했다. 황송한 마음도 들고, 그 친절에 감사하며 이끄는 대로 따라갔다. 예배드리기 30분 전부터 사람들은 땀을 흘려가며 복도에 촘촘히 선 채 예배당 문이 열리기를 기다리고 있었다. 막내 성웅이를 안고 있느라 힘들었지만, 나 역시 기대하는 마음으로 기다렸다.

드디어 성전 문이 열리고, 3부 예배를 드리기 위해 우르르 사람들이 들어갔다. 맨 앞자리에서 세 번째 줄로 기억한다. 그곳에 앉아서 무슨 말씀을 하시는지 알 수는 없었지만, 결신 시간에 일어난 사람들에게 복창하며 고백하게 하신 조용기 목사님의 말씀은 지금도 생생하다.

"어디에서 와서 왜 살며 어디로 가는지 알지 못하고 방황하며 살았습니다.…"

어쩌면 그렇게도 표현을 적절하게 잘 하시는지 몰랐다. 힘들기만 했던 이 세상에 내 의지와는 상관없이 태어났으니 그럭저럭 살다가 죽어 흙 속에 묻히면 끝나는 것이 인생이려니 생각했었다. 나도 왜 사는 건지 삶의 의미를 모를 때마다 가졌던 생각이었는데, 목사님은 내 마음을 깊숙이 건드리고 있었다. 뭉클한 무언가가 내 속에서 계속 터져 나와 펑펑 울었다. 큰 비밀이 서서히 밝혀질 것 같은 기대가 생겼다.

'수많은 사람이 이렇게 몰려오는 것을 보면 이곳엔 무언가 내가 알지 못하는 것들이 분명히 있을 거야.'

주위를 둘러보니 인품 있어 보이는 많은 분들이 깔끔한 모습으로 앉아 있었다. 저들이 교회에 오는 것을 보면 허망한 것을 쫓아 모여든 것은 아닐 거라는 생각이 들었다. 그렇게 감격의 눈물을 흘린 뒤 나는 마침내 새로운 내 인생의 지도를 그려나가게 되었다. 예수님은 나의 구세주가 되시고, 하나님은 나의 아버지가 되셨다. 난 예수님의 대속의 은혜로 내 안 깊숙히 흘려보내주신 보혈을 품게 되었다. 그러자 이제는 기쁨 속에서 신분이 상승되었다. 단박에 나는 왕과 같은 제사장이 되어 버렸다.

옳고 그름의 함정에 빠져

처음 교회에 출석한 날이 알고 싶어서 얼마 전 반신반의하며 여의도 순복음교회 교적부에 전화를 했다. 1986년 4월 25일이라고 한다. 이날은 교적부에 올린 날이고, 4월 6일 내가 처음 교회에 갔을 때는 성찬식을 드린 첫 주였다.

34년 전 일이 지금도 생생하다. 내 교적은 김포로 내려왔다. 성도 수가 많지 않았던 때라 그때는 김포 성전이 없었고, 아동 성전만 있었다. 연락이 와서 갔더니 그곳에 생각지도 않았던 둘째 시누님이 계신 것이 아닌가. 우리는 보자마자 서로가 깜짝 놀랐다.

과거에 형님은 하성에 사시면서 그곳에 있는 순복음교회에 다니셨다. 그런데 읍내로 이사 오면서 교회를 옮기신 덕에 우리가 만나게 된 것이었다.

그 전까지만해도 나는 여의도 순복음교회를 이단이라고 하고, 하도 극성맞게 예수 믿는 것을 보고 이단에 빠졌다며 한심해했었다. 시누님은 우리 집에 오실 때면 순복음 소식지를 꼭 갖고 오셨다. 나는 재수가 없다며 단 한 자도 보지 않고, 형님이 가시고 나면 쓰레기통에 신경질적으로 쑤셔넣기 일쑤였다.

우리 집에 들를 때마다 형님은 형편이 자꾸만 기울어져 가는 모습을 보고 늘 안타까워하셨다.

"자네는 꼭 예수를 믿어야 하는데…."

이 복된 말이 그때는 왜 그리도 어리석게 들렸는지 모른다. 시어머님이 혈압이 높으셨는데, 형님도 유전이었는지 몇 번이나 쓰러지셨다. 결국엔 그 병으로 돌아가시긴 했지만, 처음 쓰러지셨을 땐 읍에서 가까운 우리 집에서 병원에 다니셨다. 그 당시 형님은 하성 순복음교회를 다녔는데, 목사님과 집사님들이 자주 오셔서 기도를 해주었다. 병을 낮게 해달라고 소리소리 지르며 기도하는 모습이 얼마나 어리석어 보였는지. 나는 대놓고 비웃으며 말도 안 되는 짓이라고 생각했다. 그러면서 형님의 종교를 하찮게 생각하여 비난했다. 형님의 병이 다 나아서 집으로 가실 때는 당연히 의사가 고쳐주었다고 생각했다.

그런데 그날 형님을 아동 성전에서 만난 것이었다. 그 후부터 우린 공범이 된 것처럼 무조건 감싸주는 절친이 되었다. 난 교회에 다닌 지 석 달 만에 구역장으로 임명을 받았다. 내게 고난이 여기저기서 튀어나오는 것을 보시고, 믿음이 좋아 광야를 지나는 것으로 짐작하고 주셨는지도 몰랐다. 구역장에게만 주는 자주색 가방을 자랑스럽게 들고 다니며 사명을 감당하려고 애썼다. 모든 모임에 참석하는 것은 물론이고, 막내를 데리고 기도원으로, 여성 금식 성회로 열심히 다녔다. 얼른 하나님의 눈에 들어서 지금 닥친 문제에서 벗어나려고 노력했다. 남편의 반대가 심했지만 견디기로 작정하며 배짱으로 나갔다.

6개월쯤 다녔을까. 예수 믿는 사람들의 진짜 모습을 보며 실망이 되었다. 그들은 자기의 유익을 위해 수단과 방법을 가리지 않는 완악한 모습으로 내게 피해를 주었다.

'저렇게 밖에 못 사나. 예수는 믿어서 뭐해.'

나는 다시 교회에 나가지 않았다. 거의 일 년을 쉬는 동안 구역장을 맡기 전의 생활로 돌아갔다. 잘못된 판단으로 마귀에게 빌미를 주자 깨끗이 청소된 내 안에 일곱 귀신이 무섭게 점령해 들어왔다.

시어머님이 돌아가시고 100일 탈상을 할 때 들어온 부조금이 이백만 원은 족히 넘었다. 당시 내 형편엔 큰돈이었지만, 남편을 설득해서 그 돈으로 인천 송도에 있는 굿당에 가서 밤새도록 굿을 했다. 친정엄마와 함께 갔는데, 어리석은 나는 끝나고 오면서도 쏟아져 들어올 축복을 기대하며 뿌듯해했다. 나를 다시 마귀에게 뺏기고 하나님께서는 얼마나 통탄을 하셨을까. 사탄이 내 영혼을 죄의 소굴로 다시 물어가려고 노력하자 난 또 걸려든 것이었다. 교회에서 심방을 오겠다고 전화가 오면 시간이 없다거나 외출한다고 거짓말을 하고 피해 다녔다. 이렇게 마귀가 하는 일은 죽이고 멸망시키는 일뿐이었다.

고통이 여전히 해결되지 않은 채 울고 있을 때였다. 연락도 없이 최 권사님과 몇몇 집사님이 심방을 오셨다. 그러더니 나를 시험에 들게 한 집사님들 때문에 교회에 오지 않는 건 안 된다고 하셨다. 하나님과 수직으로 일대일의 관계를 유지하며 믿음 생활을 해야 한다고 말씀하셨다. 나는 기적과도 같이 그 한 말씀에 영혼이 깨어나서 지금까지 하루도 거르지 않고 주일을 지키고 있다. 피하고 뺀질거렸던 지난날의 나였기에, 전도하다가 나 같은 사람을 만나면 그 상황과 심정이 얼마든지 이해가 된다.

달콤한 시련

조용기 목사님은 특유의 경상도 억양이 있다. 그래서 맨 꼭대기 층에 올라가 TV로 입 모양을 보며 예배를 드려야 은혜가 더했다. 처음엔 잘 알아듣지 못했지만, 익숙해지자 어찌나 그 말씀이 달콤했는지 새로운 세계에 매료되어 갔다. 초신자인데도 말씀이 모두 깨달아지고 이해가 되었다. 사람들은 이런 나에게 믿음의 은사가 있다고 했다.

수요예배 시간에는 요한계시록 강해를 하셨다. 앞날에 대한 궁금증은 누구나 있을 것이다. 언젠가는 누구든 죽어야 한다는 사실 말고, 온 인류에게 닥쳐올 하나님의 계획 말이다. 그것에 대해서 알아듣기 쉽고 재미있게 해석해 주시는 목사님의 말씀이, 재미있는 소설책을 읽을 때처럼 수요일을 기다리게 했다.

그때 나는 수출용 머리핀을 조립하는 아르바이트로 용돈을 벌고 있었다. 그래도 수요예배를 거르지 않으려고 내 딴에는 지혜롭게 처신했다. 교회에 가는 걸 남편이 눈치 못 채도록 물건은 수요일날 가져오고 또 가져갔다. 하루는 수요예배 때 요한계시록 1장 3절이 레마의 말씀으로 다가왔다.

이 예언의 말씀을 읽는 자와 듣는 자들과 그 가운데 기록한 것을 지키는 자들이 복이 있나니 때가 가까움이라 (계시록 1장 3절)

난 요한계시록 테이프 한 질을 모두 샀다. 20개였는데 손으로는 핀을 조립하며 귀로는 열심히 들었다. 밤을 꼬박 새울 때도 있었다. 남보다 늦게 예수님을 만났으니 소급해서 빨리 듣고 많이 알고 싶었다. 듣고 또 듣다가 2장에 있는 일곱 교회에 관해서는 아예 써서 정리해가며 외우고 이해하려고 애썼다. 다른 사람들에게도 은근하게 간증하며 요한계시록 테이프를 사도록 권했다. 특히 다른 교회 집사님들에게는 사다 주는 심부름을 자청해서라도 많이 사도록 했다.

그러자니 나는 그들보다 더 잘 알고 있어야 했다. 읽는 자와 듣는 자와 지키는 자가 복이 있다고 하셨으니, 테이프를 많이 보급하면 내게도 복이 저절로 돌아올 것이란 계산도 작용했다. 스무 명도 더 되는 사람들이 테이프를 샀다. 독일에 사는 언니나 호주에 사는 동생에게는 내가 사서 그냥 부쳐 주기도 했다. 그 이후에는 다니엘서, 에스겔서, 로마서 등 닥치는 대로 사서 들었다.

그러나 영의 기쁨이 현실까지 바꾸지는 못했다. 현실은 빚투성이었다. 너무 힘이 들어서 오직 기도의 골자는 '제발 빚 좀 갚아주세요'였다. 게다가 남편은 내가 교회에 나가는 것을 너무나 싫어했다. 지난날 점을 치러 다니던 나를 상기시키며 비아냥거리기까지 했다.

하루는 십여 명의 집사님들이 심방을 오셨다. 남편이 없었기에 마음 놓고 은혜 가운데 예배를 드리며 눈물과 콧물을 쏟아내고 있는데 갑자기 문이 벌컥 열렸다. 남편은 우리에게 입에 담지 못할 상스러운 말을 내뱉고는 문을 꽝 닫고 나가버렸다. 모두 놀라서 집에 가려고 일어섰지만 남편이 다시 돌아오지 않을 것을 알기에 점심 대접까지 해드리고 보냈던 기억이 난다.

부흥회에 다녀오면 벽에 걸어놓은 십자가가 부러져 있기도 했고, 비가 오는데 성경책이 밖에 버려져 있기도 했다. 그때 난 남편의 반대를 이기는 길이란 생각에, 야광으로 만든 플라스틱 십자가를 악착같이 걸어 놓기도 했다. 이렇게 행동하는 것이 하나님께 내 믿음의 중심을 보여드린다고 생각했다.

내가 치른 첫 번째 시험문제

　수입이 통 없어 여기저기서 수단껏 돈을 꾸어서 생활하고 있었다. 그러니 십일조에 대해서 아무도 내게 가르쳐주지 않았다. 그때 한 집사님으로부터 십일조에 대한 비밀을 듣게 되었다. 꾼 돈에서도 십일조를 하면, 나중에 그 돈을 갚을 수 있도록 하나님이 책임져 주시는 것은 물론이거니와 30배, 60배, 100배로 채워주신다는 것이었다. 이런 남는 장사가 세상에 어디 있단 말인가. 성경에 정말 그 말이 쓰여 있다면 맞는 거라는 믿음이 생겼다. 말씀을 찾아보겠다는 생각 대신 그냥 믿었다.

　힘들게 지은 연립을 결국에는 다 팔지 못했다. 남은 다섯 가구를 담보로 단위 조합에서 대출을 받았다. 갚지 못하자 독촉이 심했다. 이자라도 갚으려고 100만 원을 빌렸다. 갚아도 모자라는 그 100만 원을 들고 나는 갈등했다. 어차피 모두 갚지 못할 바에야 시험해 보기로 했다. 90만 원은 오른쪽 호주머니에 넣고 10만 원은 왼쪽 호주머니에 넣었다. 그 당시 남편은 빚을 갚는 것이 창피하다며, 돈 관리를 내게 모두 맡기고 살았다. 덕분에 내가 하고 싶은 대로 할 수가 있었다.

드디어 난생처음 십일조를 드리면서 시험 결과를 기다리는 학생처럼 가슴이 두근거렸다. 기적은 열흘 후에 일어났다. 뒷동산 너머에 하천 부지가 조금 있었는데, 그곳에 낚시터를 하겠다는 사람이 나타나 300만 원을 받아온 것이다. 나는 그중에서 30만 원을 뚝 떼어, 지체하지 않고 십일조로 드렸다. 며칠이 지나자 내가 경솔했다는 생각이 자꾸만 들었다. 후회가 막심했다. 십일조에 대한 말을 믿은 내가 한심했다.

며칠이 더 지났다. 1987년 3월 3일로 기억하는데, 새벽에 잠이 깼다. 자전거를 타고 새벽예배를 드리러 가려고 준비하고 있었다. 갑자기 머릿속에 '말라기'라는 단어가 떠올랐다.

'대체 말라기가 뭐야?'

그때 성령님이 뭔가를 가르쳐 주시는 것 같아서 성경책을 뒤적였다. '말라기'는 처음 듣는 단어라서 목차를 찾아보았다. 구약의 맨 끝에 말라기라고 적힌 글자가 보였다. 조심조심 그곳을 찾아가는데 '삼...십'이란 세미한 음성이 들렸다. 말라기 전체가 4장이니 30장이라는 말은 아니겠고 3장 10절 말씀이라는 생각이 들었다. 성경책을 펴서 읽자마자 나는 기절할 것만 같았다.

만군의 여호와가 이르노라 너희의 온전한 십일조를 창고에 들여 나의 집에 양식이 있게 하고 그것으로 나를 시험하여 내가 하늘 문을 열고 너희에게 복을 쌓을 곳이 없도록 붓지 아니하나 보라 (말라기 3:10)

식구 중에는 누구도 이해를 못 하니 어느 누구에게도 이 감격을 얘기할 수가 없었다. 혼자 흥분해서 '어머, 어머' 하다가 자세히 읽어보니 내가 십일조를 한 것도 다 보셨고, 후회하는 것도 다 안다는 답장 같았다. 나를 안심시키시며 잘했다고 칭찬하고 계신 것을 알게 되자, 내 마음 가득히 말할 수 없는 기쁨이 넘쳐났다. 감히 하나님을 시험한 것을 아시고도, 그래도 괜찮다고 등을 두드려 주시는 것 같았다.

며칠 후면 음력 2월 18일 시어머니 기일이었다. 이렇게 내 모든 것을 알고 계신 하나님 앞에서 제사를 지낸다고 생각하니 절대로 안 될 것 같았다. 지금까지 제사만큼은 누구보다도 정성껏 준비했던 나였다. 십계명 중에 우상에게 절하지 말라고 하셨는데 어떤 결단을 내려야 할 것 같았다. 세상 사람들은 제사를 소홀히 하면 불효라고 생각한다. 살아계실 때 불효자였어도 제사를 드리면 죄가 상쇄되는 줄 알고 있다. 그러나 제사는 유교의

잔재일 뿐이고, 살아 계실 때 잘해드리는 것이 최선이다.

　시어머님은 내가 예수님을 믿기 전, 뒤도 못 가리시다가 몇 년을 고생하시고 돌아가셨다. 내 앞에서 그렇게 고생스럽게 사시는 것을 작은 어머님들이 보시고는 날 효부라고 치켜세웠지만, 사실 100% 잘해드리지 못하고 늘 부족했다는 생각뿐이다. 빨리 돌아가셨으면 하는 생각도 여러 번 했다. 우리 잘못으로 재산을 다 잃었는데, 자식 잘못 둔 죄밖에 없는 시어머님께 마음껏 봉양하지 못한 것이 송구스러울 뿐이다. 하지만 하나님의 말씀을 받은 터라 용기가 솟아올랐다.

　우선 있는 빨래를 다 하고, 집안도 깨끗이 치웠다. 내가 이제는 제사를 지낼 수 없다고 말했을 때 닥칠 파장을 예상해, 쫓겨날지도 모른다는 생각에서 미리 준비 작업을 한 것이다. 애들 작은아버지를 먼저 만나 내 사정을 얘기하고 도움을 청했다.

　"많은 빚을 서방님이 갚아줄 수도 없는 거고, 난 하나님께서 갚아주실 것을 믿어요. 저를 이해해 주시고 제 편이 돼서 형님한테 말씀 좀 잘해 주세요."

　시동생의 반승낙을 받고는 둘이서 남편에게 할 말이 있다며 보자고 했다. 정말로 무서웠지만, 용기 있게 얘기를 꺼냈다.

　"내가 제사상을 차리기 싫어서 이런 말을 하는 게 아니고, 더 잘 차릴 테니 어머니 제사를 추모 예배로 드리면 어떨까?"

"지금 뭐라고 하는 거야? 너 하기 싫으면 하지 마. 내가 다 할 테니까. 별 XX 같은 XX."

당장 눈앞에서 꺼지라며 유리로 된 두꺼운 재떨이를 내게 던졌다. 날아오는 재떨이를 간신히 피하고는 무서워서 집밖으로 도망쳐 나오고 말았다. 정신없이 아동 성전에 와서는 최 권사님과 함께 엎드려 울었다. 이제는 소리치며 기도할 수밖에 없었다.

그런데 친정에서 자고 다음 날 집에 왔을 때, 신기하게도 서로가 이 일에 대해서 아무 말도 하지 않고 그냥 지나갔다. 애들 작은아버지가 내가 나온 후에 남편을 이해시켰으리라 짐작되었다. 큰 동서가 음식을 차리고 제사를 지냈다는 말을 전해 들었다. 사실 나는 남편이 원망스러웠다. 자기가 망친 집안 살림을, 원망도 하지않고 어떻게든 믿음으로 이겨 나가려고 하는 나를 이해해야 하는 게 아닌가 싶었다.

여하튼 난 하나님 앞에 할 일을 했다고 생각하며 스스로를 위로했다. 이것 역시 하나님께서 보셨을 테니 말이다. 결국에 제사는 지냈지만, 내 입으로 그런 말을 선포한 사실이 대견했다. 말로써 씨를 뿌렸으니 언제라도 열매는 열릴 것이다. 어떤 모습으로든 힘들 때마다 함께 붙잡고 위로해주신, 그 당시 부감으로 계셨던 최 권사님께 늘 고마운 마음이 있다.

그런 일이 있고 나서, 나는 문제라고 생각되는 기도 제목을 하나하나 써 보았다. 100가지도 넘는 기도를 무엇부터 어떻게 할지 막막했다. 늘 중언부언하던 중 이사야서 58장 6절의 말씀에서 문제의 돌파구를 찾았다.

나의 기뻐하는 금식은 흉악의 결박을 풀어주며 멍에의 줄을 끌러주며 압제당하는 자를 자유케 하며 모든 멍에를 꺾는 것이 아니겠느냐 (이사야 58:6)

금식이었다. 밥을 먹지 않으면 사람은 죽게 되어 있기 때문에 죽기를 각오하고 드리는 기도가 금식기도라고 했다. 이제부터 예수님이 오실 때까지 아침 금식을 하겠다고 결심했다. 하나님이 말씀하셨으니 꼼짝없이 들어주실 수밖에 없다는 생각이었다. 그러면 문제를 이길 힘이 생길 것 같았다. 솔깃했고 믿어져서 금식을 행동으로 옮겨야겠는데, 기도한 문제를 다 해결하려면 한참 동안을 굶어야 할 것 같았다.

2020년 3월 4일이면, 아침 금식을 한 지 33년째 되는 날이다. 그렇게 세월이 지나는 동안 많은 우여곡절이 있었다. 먹기 싫어서 안 먹는 것이 아니고, 식욕이 항상 좋은 내가 일부러 먹지 못하는 고통은 사실 힘들었다. 더욱이 주변에서 방해 요소가 많았는데, 그 사명을 감당하신 분은 다름 아닌 친정엄마였다. 남편에게 금식을 못 하게 말리라고 부추기셨다. 남편이 내게 굶냐고 물을 때는 다이어트를 한다고 얼버무렸다. 엄마는 계속 위장 다 망가진다고 성화를 내셨다. 딸을 걱정하는 마음에서 하시는 말씀이지만, 그것이 더 나를 힘들게 했다.

'하나님, 예수님 오실 때까지 아침 금식을 할 거예요. 대신 제가 기도하는 것마다 다 들어주셔야 해요.'

너무 힘이 드니 한동안은 왜 내가 서원을 했는지 너무 경솔했다는 생각도 했다. 하지만 지나고 보니 모든 것은 하나님의 계획이셨다. 지금도 숙명처럼 아침 금식을 하지만, 단순히 굶는 것으로 하루를 시작하지는 않으려 한다. 말씀을 읽고 묵상하며 금식까지 한다면 온전히 주님과 함께한다는 생각이 든다. 물론 완벽하게 이어온 건 아니다. 아침 금식은 쉬지 않았지만, 기도는 그렇게 못한 날도 많았음을 고백한다.

국민일보의 비밀

올림픽을 치른 지 얼마 되지 않았을 때였다. 국민일보가 창간된다는 소식이 들렸다. 그것도 1989년 2월에 통일교에서 세계일보를 낸다고 하니 견제를 위해 급하게 나오는 신문이라고 들었다.

순복음 소식지에 지국을 모집한다고 광고가 나왔다. 순간적으로 나도 하고 싶다는 생각이 스쳐지나갔다. 그러나 곧 생각을 접었다. 가뜩이나 골치 아픈 일이 많은데, 내가 할 일은 아닌 것 같았다. 하지만 하나님이 주신 생각은 달랐다. 잠깐 스치고 지나가는 생각인 줄 알았는데, 이런저런 과정을 통해 난 어느 날 김포 지국장이 되어 있었다. 기독교 일간지는 국민일보가 세계에서 처음이었다.

살아서 역사하시는 하나님의 말씀으로 무장한 신문이었으니 마귀의 기승은 예상하고도 남을 일이었다. 특히 남편의 반대가 드셌다. 이즈음 난 많은 꿈을 꾸었는데, 조용기 목사님과 주택가

골목골목을 돌며 심방을 다니는 꿈도 있었다. 그러던 어느 날 꿈을 꾸었다. 그 꿈이 아직도 생생하다.

따뜻한 햇볕이 내리쬐는, 봄날 같은 오후의 정원이었다. 파란 잔디가 깔려 있고, 야트막한 식탁 위엔 성찬 보와 같은 하얀 천이 얌전히 덮여 있었다. 몇몇 집사님들이 명찰을 달고 봉사하는 모습 속에 조용기 목사님이 계셨다. 예배를 준비하시는 것 같았다. 나도 가슴에 이름이 적힌 명찰을 달고 봉사하다가, 문득 목사님 앞에 무릎을 꿇었다.

"목사님, 안수해 주세요."

그러자 목사님은 내 머리에 손을 얹고 기도해 주셨다. 이런 꿈을 꾸고 난 후에 국민일보 지국을 하게 되자, 하나님이 나를 국민일보 보급의 사명자로 쓰시기 위해 점찍고 계셨다고 느껴졌다. 예수님을 처음 만날 때도 그랬다. 목사님의 간증 책을 읽고 만나게 하셔서 문서 선교의 영향력과 위력을 체험케 하신 후, 지면을 활용한 매체를 통해 은혜를 갚도록 날 붙들어 연결하신 것이다.

'하나님! 하나뿐인 독생자 아들의 몸을 찢어 그 생명을 다 내게 주셨는데, 내게 있는 것은 몸 밖에 없으니 이 몸이 필요하시면 가지세요. 이 몸에 명령하세요.'

이것은 하나님께 향한 나의 신앙 고백이기도 했다. 내게 확실한 감사의 믿음이 없었다면, 국민일보를 외면했을 것이다. 평범한 삶을 살다가 액세서리처럼 심심풀이로 믿음 생활을 했다면, 여자로서 힘에 겨운 이 길로 들어서지는 않았을 것이다.

우리 교회의 대성전으로 올라가기 위해서는 여러 갈래 길이 있다. 난 교육관 옆으로 난 문을 통해 들어가, 돌고 돌면서 천천히 올라가는 그 길이 너무 좋았다. 가다 보면 별의별 상념에 젖기도 했지만, 예수님을 믿게 된 사실만으로도 감사해서 울며 올라간 적이 얼마나 많았는지 모른다. 죽을 수밖에 없었던 내 영혼을 구원해주신 하나님이 감사했다.

이런 마음인데 국민일보의 거룩한 사명을 주셨으니, 남편의 반대 같은 것은 지국장을 못할 이유가 될 수 없었다. 힘들 때마다 고백하는 찬양은 '몸밖에 드릴 것 없어 이 몸 바칩니다'였다. 이 찬양은 언제나 죄 가운데 살았던 내 힘든 육신을 향해, 그것이 정당한 고통임을 일깨워 주곤 했다. 진정한 감사를 드리면 위로의 성령님이 넘치게 임하셨다.

1988년 12월 10일 국민일보가 창간되었다. 이때의 신문을 보면 예수님을 표현한 성경의 한 구절이 생각난다. 이사야서 53장 2~3절 말씀이다.

그는 주 앞에서 자라나기를 연한 순 같고 마른 땅에서 나온 줄기 같아서 고운 모양도 없고 풍채도 없은즉 우리의 보기에 흠모할 만한 아름다운 것이 없도다. 그는 멸시를 받아서 사람에게 싫어 버린 바 되었으며 간고를 많이 겪었으며 질고를 아는 자라. 마치 사람들에게 얼굴을 가리우고 보지 않음을 받는 자 같아서 멸시를 당하였고 우리도 그를 귀히 여기지 아니하였도다 (이사야 53:2~3)

국민일보는 주님의 나라를 선포한 위대한 신문인데, 육신의 눈으로 보면 초라하기 그지없었다. 내용도 어설펐고 애정을 갖고 보지 않으면 눈에 차지도 않았다. 나는 세상 사람들이 비꼬는 신문을 소중히 들고 집집마다 무조건 투입했다. 저녁이면 집으로 전화가 와서 누가 신문을 본 댔느냐고 욕을 하며 당장 넣지 말라고 했다. 당연하게 받아들이고 그런 집만 체크해두었다. 이 일을 하는 동안은 계속해서 욕을 먹으려니 하고 전도지를 돌리는 심정으로 신문을 투입했다. 나뿐만이 아니라 전국에서 그렇게 했다고 생각하니 대단한 성도분들이라는 생각에 뭉클했다.

아동 성전이 있던 할렐루야 연립 지하실에 책상 하나만 놓고, 신문이 오면 작업대 겸 사무실처럼 사용했다. 전화기도 없어 집

전화를 사용했다. 국민일보가 한 개인이나 지국의 일이라 생각하지 않고 바쁘게 뛰었다.

먼저 교패가 있는 가정을 택해 다시 투입해 보았지만, 거절이 대부분이었다. 조금씩 체계가 갖추어지면서 배달할 학생을 구했지만, 착실한 학생이 드물었다. 어떤 학생은 신문을 돌리지도 않고 쓰레기통에 버린 채 오락실에 앉아 있기도 했다. 그러면 나는 캄캄해질 때까지 돌리지 못한 곳을 찾아 배달을 해야 했다. 몇 부 되지 않았지만, 지역적으로 여기저기 떨어져 있어 시간은 꽤 걸렸다. 한 부가 귀했다.

묘한 것은, 배달이 문제가 생겨서 그곳을 돌리다 보면, 내가 그곳에 가서 해결해야 할 문제가 드러나서 해결하도록 하셨다는 것이다. 이때 둘째 아들 성조가 중학교 2학년이었다. 배달을 못해 안절부절못하면 엄마가 불쌍하다면서 어떻게든 자기 친구들을 데리고 와서 대신 돌려주곤 했다. 나중에 안 일이지만 공부를 마치지 못하고 나온 날도 많았다고 한다.

국민일보 창간 두 달 전에 오토바이를 배우게 된 것도 우연은 아니란 생각이 든다. 당시 나는 용돈이나 벌자며 수출용 머리핀을 만들었다. 납품이라도 쉽게 하려고, 자전거보다는 오토바이가 편할 것 같아 할부로 사서 배웠다. 목적은 그랬지만 나중에 생각하니 이 역시 국민일보를 배달하기 위해 하나님이 하게 하신 일이었다. 처음 배울 때는 뒤에 빈 박스만 실어도 짐이 실렸다는 인식 때문에 넘어지곤 했다. 서툴렀지만 신문 배달을 오토바이로 했기 때문에 겨우겨우 지탱해 나갈 수 있었다.

남편의 사명

나이 사십이 다 된 여자가 길을 헤매며 그 험한 일을 실속 없이 하고 다닌다고, 이 사람 저 사람 남편에게 한마디씩 하는 모양이었다. 더욱이 신문 배달은 고학생이나 통념상 가난을 해결하기 힘든 사람들이 많이 하는 직업이었으니 남편의 자존심이 얼마나 무너졌을지 짐작할 수 있었다. 그 많던 재산을 허무하게 다 날리다 보니 우리 집 형편을 알 만한 사람들은 다 알았다. 그런데 급기야는 안사람인 나에게 신문 배달까지 시켜 생활하게 됐다고 생각을 하니, 남편은 그것을 가장 못 견뎌 했다.

남편의 그 속을 내가 모를 리 없었다. 나 역시 남의 눈을 의식할 때 창피한 마음이 왜 없었겠는가. 하지만 창피한 마음보다는 하나님이 기뻐하실 것을 생각하면, 어떤 것이든 국민일보보다 우선이 되지 못했다. 가끔 신문이 안 들어왔다는 전화를 남편이 받을 때가 있었다.

"안 들어가면 보지 않으면 될 것 아닙니까."

남편은 소중한 한 명의 구독자를 끊도록 해서 내게 복수를 했다. 그나마 둘째 아들 성조가 내게 큰 힘이 되어 주었다.

그 아들이 후에 고등학교 다닐 때 얘기다. 집에서 읍내로 가려면 약간 내리막길을 지나야 한다. 옆으로는 수리조합 물이 가득 흐른다. 아들이 자전거를 타고 갈 때 머리가 아프길래 눈을 감은 채 머리를 흔들며 언덕 아래로 내려갔다고 한다. 매일 다니는 길이라 제 딴은 자신이 있어서 그랬던 것 같다.

그런데 그만 3m는 족히 될 만큼 깊은 수리조합 물에 자전거까지 함께 빠지고 말았다. 밤 10시에 일어난 일이었다. 아무도 지나가지 않는 상황이라서 순간 죽는구나 싶었는데 허우적거리다가 손끝에 수양버들 뿌리가 잡혔다고 한다. 그러나 기어 나오려고 해도 그해 시멘트로 쌓은 축대가 미끄러워 어쩌지 못했다. 그러다가 다행히 사람이 지나가기에 소리를 질러서 목숨을 구했던 일이 있었다.

또 한 번은 스케이트보드를 타면서 놀다가 뒤로 넘어졌는데 기절까지 했다고 한다. 한참 후에 깨어났는데, 이 일 역시 하나님의 손길이 지켜주셨음을 믿어 의심치 않는다. 성조는 그렇게 살려준 것을 하나님께 감사드리며 국민일보 배달에 기여했다. 그런데 결국 그 헌신 때문에 아들에게 하나님의 은혜가 더 임하셨다.

국민일보 보급소를 시작한 지 20일이 지났을 때였다. 밤새도록 배달을 하게 되어서 여의도까지 송구영신 예배를 드리러 갈 수가 없었다. 지친 몸으로 잠들었는데 기이한 꿈을 꾸었다. 요사스럽고 가증스러운 새까만 뱀에게 공격받는 꿈이었다. 굵은 뱀이 아니어서 더욱더 날렵했고 날기까지 하면서 나를 공격했다. 피했다고 생각하며 안심하고 있는데 순식간에 튀어서 또 공격해 날아오고 있었다. 나는 땅에서 무언가 닥치는 대로 주워서 눈을 감은 채 허공을 후려쳤다. 철근 토막이 내 손에 쥐어져 있었고, 그 사악한 뱀의 머리가 아래쪽으로 두 동강이 나더니 죽었다.

이 꿈을 통해 나는 남편이 어떤 핍박을 가해도 반드시 승리할 것이란 확신을 갖게 되었다. 그러자 다시 용기가 생기고 자신감이 생겼다.

조용기 목사님도 국민일보를 시작하시면서 장로님이나 주변 사람의 반대 때문에 많은 고충을 받으셨다고 한다. 하나님께 충분한 응답의 메시지를 받으신 후 결정하신 일이었지만, 모든 사람의 생각이 다 똑같지는 않았던 모양이다. 이때 사모님이 꿈을 꾸셨다고 한다. 아름드리나무처럼 굵은 뱀을 도끼로 세 번이나 찍어서 죽게 했다고 한다. 목사님에게도 승리가 보장된 꿈을 통해 고통의 통로를 과감히 지나게 하셨다는 생각이다.

나는 아침 금식을 하면서도 연초가 되면 부흥회와 함께 삼일 금식을 드리곤 했다. 그러면 열 끼를 하는 셈이다. 오토바이를 타면서도 용케 잘 이기며 작정한 삼 일을 승리할 수 있었던 것은 금식을 승리케 하시는 성령이 붙들어 주셨기 때문이다. 내게 의지력이 생기도록 도우시는 분도 성령님이시고, 우리 마음을 강하게 하시고 선하게 하시는 분 또한 성령님이시니, 모든 일에는 감사할 것밖에 없다.

어느 날 남편이 사흘째 집에 들어오지 않았다. 술에 잔뜩 취해 사흘 만에 들어와서는 심각하게 얘기를 하자고 했다. 창피해서 도저히 같이 살 수 없으니 신문을 그만두든지, 이혼하든지 결판을 내자는 것이었다. 나는 이해해달라면서 계속할 뜻을 단호하고 분명히 밝혔다.

그러자 그러면 어쩔 수 없다면서, 내 고집을 힘으로 꺾어 보려고 주먹으로 내 얼굴을 계속 때렸다. 얼굴을 때리면 창피해서라도 밖에 나가지 못할 것이란 계산을 했을 것이다. 나중에는 일방적으로 맞고 있는 내 목을 두 손으로 죽일 듯이 졸랐다. 차라리 죽으면 자살은 아니니까, 힘든 세상 죽는 것도 괜찮겠지 싶었다.

그러다가 숨이 넘어갈 듯 캑캑대며 한마디했다.

"이렇게 죽이는 거 하나님이 다 보고 계실걸."

그러자 남편은 갑자기 멈칫하더니 손을 슬며시 놓았다. 물론 엄포를 놓기 위해 이런 행동을 했겠지만, 하나님이 보고 계신다는 말에 두려움을 느낀 눈치였다. 그러더니 "미친X, 김일성이보다 더 지독한 X."이라고 소리를 지르며 문을 박차고 나가버렸다.

이렇게 사는 내 삶이 참혹해서 눈물이 끝없이 흘러나왔다. 그러면서도 이 순간 하나님이 지켜주신 것에 감사했다. 순간적인 감정이 돌이킬 수 없는 사태를 불러올 수도 있었기 때문이다. 하나님의 임재하심은 없는 듯 계셔서, 내게 인내심을 갖게 하셨다.

다음 날 아침에 일어나니 얼굴은 엉망이고, 온몸이 아팠다. 이마를 맞아 생긴 멍이 얼굴 아래로 내려와 눈 전체에 시퍼렇게 번져 있었다. 하는 수 없이 구역장님 몇 분을 불러서 배달을 부탁할 수밖에 없었다. 내 얼굴을 보고는 모두 함께 울면서 기도해주셨다. 그리고 국민일보 지국을 계속할 수 있도록 간절히 하나님께 부르짖었다. 집사님들에게 미안한 마음이 들어 둘째 날부터는 마스크로 얼굴을 가리고 신문을 돌렸다. 그러나 며칠이 지나도 상처는 없어지지 않았다.

"하나님 보셨지요. 그래도 전 국민일보를 놓을 수가 없어요. 제 남편을 용서해주세요. 얼마나 속상하겠어요. 얼마나 창피하겠어요. 저도 예수님 믿기 전에는 예수님 믿는 사람 이해 못 하고 싫어했잖아요."

그래도 상처는 세월이 가면 아물게 되어 있으니, 자연 치유력을 주신 것에 또 한 번 감사했다. 자식을 셋씩이나 낳고 사는 부부인데, 남편이 내게 뭘 어쩌겠는가 하는 배짱도 생겼다. 하나님께서 내게 억울한 핍박을 절대로 허용하지도 않을 것이라는 생각이 힘든 일을 너끈히 견디게 해주었다. 한 번 했던 이혼이니 한 번 더 한들 무엇이 겁나겠는가. 하지만 예수님 믿는 자의 본이 될 수 없다고 여겼고, 미워도 애들 아버지니 무조건 참고 살아야 한다는 것은 확실한 사실이었다.

그 후 나는 남편이 교회에 대해 비방하거나 편견으로 하는 말에 무조건 대꾸하지 않고 입을 다문 채 반응하지 않았다. 동시에 남편의 입장이 되어 여러 각도로 생각해보고 이해해 보는 것도 참을 수 있는 방법 중 하나였다. 누가 이 광경을 옆에서 보았다면 '저 여자가 무슨 큰 잘못을 저질렀나 보다!' 하고 생각했을 것이다. 남편은 이따금 이렇게 비아냥거렸다.

"신문 장사했으니, 이제 사탕 장사할 거냐?"

그 당시 언제나 연초부터 세우는 기도 제목 첫 번째는 남편의 영혼 구원이었다. 때를 따라 행하시는 하나님께서 가장 좋은 때를 예비하고 계심을 굳게 믿고 있었다.

오토바이 타는 여자

    단 한 부로 시작한 국민일보 구독자가 조금씩 늘어갔다. 여의도 순복음교회 성도들이었다. 성도들은 먼저 일종의 의무감을 가지고 구독 신청을 했다. 구독권을 직접 구매해서 친척들이나 전도하고자 기도하고 있던 분들에게 주어서 무료로 구독하게끔 열심히 노력해 주었다. 모두가 자기 일인 양 보급 확장을 위해 뛰었다. 나는 지국에 남은 신문을 가지고 홍보지로 계속 투입했다. 믿지 않는 가정은 그냥 준다고 해도 받지 않는 경우가 대부분이었다. 지난날 시누님이 주신 순복음 소식지를 쓰레기통에 던져버렸던 나를 떠올렸다.

    수금할 때도 나는 장기 구독자를 만들기 위해 나름대로 지혜를 냈다. 약국을 하는 구독자에게는 파스라도 사고, 정육점에선 고기로, 소형 체인점에서는 그곳 물품을 사서 어차피 살림에 필요한 물건으로 수금을 했다. 별것 아닌데도 좋아하는 걸 알 수 있다. 김포는 시골이다 보니 부수가 적어도 지역은 넓어 배달 시간이 많이 걸렸다. 지금은 동네마다 지국이 생겨서 운영되고 있지만, 초창기엔 김포, 풍무동, 검단, 고촌까지 넓은 지역을 혼자 다 감당했다.

한번은 장곡이란 곳에 배달을 하고 오는데 눈이 너무 많이 내렸다. 헬멧 앞 보호창에 눈송이가 붙어서 앞이 보이지 않을 지경이었다. 그냥 감작에 의지해 달릴 수밖에 없었다. 오토바이도 익숙하지 않는데 어떻게 넘어지지도 않고 달릴 수 있었는지, 그날을 기억하면 성령님이 도우신 것이라 확신한다. 오토바이에 익숙해지자 이제는 오히려 사고가 날까 봐 걱정이 앞서 몸을 사리게 된다.

눈길에 힘들었던 일이 얼마나 많았던지, 지금도 가장 싫은 것이 눈 오는 날이다. 설경을 감상할 마음도 생기지 않을 정도다. 지국을 한다고 했을 때 남편은 속으로, 나는 지국장이니까 책상 앞에서 앉아만 있는 줄 알고 어느 정도 묵인을 했다고 한다. 그런데 배달을 안 할 수 없는 상황이라는 걸 알아가면서 반대가 더 심해졌다.

주일은 쉬지만 매일 해야 한다는 부담감은 나에게도 큰 것이었다. 먼 곳으로 여행 가는 것은 아예 꿈도 못 꾸었다. 기도원에 가고 싶어도 제대로 갈 수가 없었다. 그나마 내가 배달을 안 하면 적자가 되니 일을 놓을 수가 없었다. 그렇게 힘들 때마다 혼자 하는 말이 있었다.

"하나님이 보실 때, 김포에서는 나 말고는 할 사람이 없어서 믿고 이 일을 시키신 거야. 급하게 예수님 믿게 하시고 문서 선교로 예수님 믿도록 하신 것도 다 이유가 있으신 거지. 어찌 되었든 날 믿고 계신 거야. 그러니 난 대단한 존재란 거네."

스스로를 위로하며 힘을 얻자고 하는 말이지만 모두가 사실이었다. 가정을 책임지고 있는 남자들은 수입이 거의 없으니 이 일을 직업으로 가질 수가 없다. 200부가 채 안 되는 부수지만, 배달에 다섯 시간은 족히 걸렸다. 그나마 석간이었기 때문에 덜 쫓기며 배달했다.

지금은 김포가 신도시로 조성되어 많은 인구가 유입되고 있다. 이십 년 전에는 전형적인 시골이었다. 자녀 교육을 이유로 젊은이들은 아이들을 데리고 도시로 나가고 노인들이 많았다. 그러니 구독자가 드물었다. 아무리 먼 곳에서 요청이 와도, 또 단 한 부수라도 배달을 해야 했다.

여우재 고개를 넘어서 불로리 쪽을 배달하느라 비가 내린 길을 달렸다. 80km로 달리고 있는데, 마치 누군가가 핸들을 잡고 흔들어 대는 것처럼 자제하기가 힘들었다. 브레이크를 잡으면

뱅그르르 돌기 때문에 그럴 수도 없었다. 그냥 달리다가 어쩔 수 없이 넘어지고 말았다. 넘어진 채 10m쯤이나 오토바이에 끌려 갔다. 도저히 일어설 수 없어서 넋 놓고 앉아 있는 순간에도 과연 내가 저지른 일인가 믿어지지 않았다. 지나가던 개인택시 기사가 차에서 내려 나를 일으켜 세워주었다.

금방 다쳤을 땐 덜 아픈 법이다. 집에 와서 시간이 지날수록 통증이 더했다. 왼쪽 넓적다리 3분의 2가 자주색으로 변해 있었다. 그런 상처인데 다행히도 뼈에는 아무런 이상이 없었다. 기적이란 생각을 하며 위험에서 지켜주신 하나님께 감사드렸다. 밤에 잠이 오지 않을 정도로 아팠지만, 남편한테 아프다는 말을 못했다. 무슨 말을 할지 뻔히 알기 때문에 참는 편이 걱정을 한 가지라도 줄이는 것이었다.

지금도 나는 그날을 생생히 기억한다. 국민일보 창간 4주년 되는 날이며, 우리 교구 전체가 3일 동안 금식하며 예배드린 마지막 날이었다. 마음 한쪽에선 의구심이 슬며시 자리를 잡았다.

'하나님께로 향하며 열심히 살았는데, 왜 다친 거람.'

그나마 그런 상황에서 뼈 하나 다치지 않고 보호해 주셨다는 걸 깨달았다. 다친 다음 날도 빼먹지 않고 배달에 충실히 임했다. 눈이 쌓인 날이면 높은 지대에 사는 구독자 댁엔 차라리 걸어서 갖다 드렸다. 오토바이로 언덕을 오르는 건 어렵지 않으나 내려올 땐 대책이 없기 때문이다. 브레이크를 조절하며 조심히 운전을 해도 미끄러지기 십상이다. 초우량교회 목사님 댁에 올라갔다가 내려오지 못해 쩔쩔매는데, 목사님이 뒤따라 나오셔서 뒤쪽을 당겨주어 겨우 내려왔던 기억이 난다.

샘재로 가는 길에선 가끔 뱀들이 이 논에서 저 논으로 옮겨가다가 오토바이에 치일 때가 있었다. 난 마치 내 발로 밟는 것 같은 기분이 들어 치를 떨며 징그러워했다.

장마철 초저녁에 하루살이 떼들이 몰려 있는 곳을 지날 때면 눈에 들어가서 운전을 제대로 할 수 없다. 이런 경우 도수 없는 안경은 필수다. 안경은 달리는 앞바퀴에 돌멩이가 튀어 오를 때도 눈을 보호해 준다.

나는 오토바이 튜브에서 바람이 빠져도 넣을 수 있도록 튜브 없는 타이어를 썼다. 물론 바람 넣는 도구도 갖고 다녔다. 하지만 직접 바람을 넣는 일은 매우 힘든 것 중 하나였다.

나는 혈압이 약간 낮은 편이라 힘에 부치면 현기증이 난다. 너무 뜨거운 햇볕 때문에 현기증이 나면 그늘에서 쉬었다 가는 날도 많았다. 자외선 알레르기 증상까지 있어서 집에 오면 빨갛게 달아오른 팔과 목을 피가 나도록 긁어댔다. 겨울에는 두꺼운 솜

장갑을 끼고도 손이 시려서 뜨거운 오토바이 마후라에 손을 녹이며 운전했다.

파마를 해도 헬멧에 머리가 눌리다 보니 금방 풀렸다. 여자로서 마땅치 못한 것은, 활동에 편리한 바지나 점퍼 종류만 입게 되고, 그것이 편하도록 길이 들여지더라는 점이다. 사람들이 그랬다. 늙으면 오토바이 사고 후유증으로 여기저기 안 아픈 곳이 없을 거라고 말이다. 난 그때마다 하나님이 기뻐하실 일을 하는데 왜 아프냐면서, 아프지 않을 거라고 장담했다. 그런데 나이가 드니 그들의 예언(?)대로 아픈 곳이 많아졌다. 기도해서 고쳐야 함이 옳다고 생각하면서도, 세월이 청춘을 자연스럽게 변색시키는 데야 어쩌겠는가.

검단 지국이 된 불로리 지역을 배달해야 했다. 끝마치려면 앞으로도 한 시간을 더 해야 하는데, 날은 금세 어두워지고 천둥번개와 비바람까지 세차게 불어왔다. 잘 보이지 않는 길을 급한 마음에 달리다가 심하게 넘어져 버렸다. 아스팔트 경계가 둔덕이 져서 불거져 나온 곳을 보지 못한 것이다.

눈물인지 빗물인지 모르겠고 지나는 사람도 없기에, 엉엉 소리 내어 울며 달렸다. 무섭기도 했지만 춥기는 또 왜 그렇게 추운지, 정말 기억에 남는 날이었다. 배달을 마치고 집으로 향하면서도 걱정이 되었다. 남편에게 늦은 것을 추궁당할까 봐도 그렇고, '누가 그 꼴로 살랬냐'며 잔소리할까 봐 걱정 근심으로 조바심이 났다. 늘 큰 죄인처럼 두근거리는 가슴으로 남편의 눈치를 보았다. 다행인 것은 그래도 전처럼 때리진 않았다. 포기하지 않는 내 고집을 이길 수 없다고 생각해 참아 주었던 것이다.

육신의 고통에다 마음의 고통까지 첩첩산중이었다. 어려운 재정 때문에 내 삶은 그야말로 문제의 집합소였다. 어떤 일이 있어도 하나님을 기쁘시게 해서 합격권에 들어야만 한다는 생각이었다.

'나는 이제 겨우 영적인 초등학생이다. 내게 허락하신 이 시험을 잘 치러서 꼭 중학교에 들어가야만 한다. 어렵더라도 자꾸만 시험을 치다 보면, 고등학교와 대학교도 졸업하게 되겠지. 시험지를 계속해서 주시는 것만도 감사할 일이지. 해답을 쥐고 계신 하나님의 수제자가 되고 말 것이다.'

장곡에서 산길을 돌며 배달을 하고 있었다. 신명기 2장 3절이 생각나는데, 하나님이 주시는 말씀 같았다. 성경책이 없으므로 잊고 있다가 집에 왔는데 그 말씀이 다시 생각났다. 말씀을 찾아 보니 잘 이해가 되지 않았다.

너희가 이 산을 두루 행한 지 오래니 돌이켜 북으로 나아가라

(신명기 2:3)

무슨 뜻일까, 왜 주셨을까 몹시 궁금했다. 앞으로 내가 북한 땅에 가서 복음을 전한다는 것인가. 그런데 그렇게 거창한 뜻은 아니라는 마음이 들었다. 연립 지하에서 신문을 받으면, 즉시 갖고 나가 배달하게 되어 있었다. 사실 사무실도 그다지 필요치 않았다. 그곳에서 볼 때 우리 집이 북쪽을 향하고 있음을 깨달았다. 그곳에만 있지 말고 집에 가서 지국을 운영하라는 지시하심 같았다. 하나님은 참으로 세밀하신 분이다.

그렇게 힘든 시간이었다. 오토바이 한 대가 팔리면 누군가 사망한 것이란 말이 있을 만큼, 내게도 크고 작은 사고는 끊임없이 일어났다. 그때는 그 모든 일이 힘들어 지쳐 있었지만, 이젠 모두가 값진 추억이 되어 내 안에 자리하고 있다.

나무를 키운 씨앗

다음날부터 당장 집으로 신문이 배달되었다. 살림을 하면서도 집에서 신문을 기다리니까 무언가 질서가 잡혀가는 것 같았다. 목사님 말씀처럼 흥하든지, 망하든지, 성하든지, 쇠하든지, 몽땅 하나님께 맡겼다. 수익을 조금 주시면 조금만 갖고, 아픔이 오면 그럴 필요가 있을 거라 여기며 무조건 부정적인 생각의 싹을 잘라버렸다.

우리 교회 성도들의 특징이 있다. 부정적인 말을 의식적으로 선포하지 않는 것이다. 세상 사람들은 좋아도 기뻐도 죽겠다는 말을 하지만, 우린 살겠다는 말을 스스로 선포하며 상황을 반전시켜 나간다. 하나님은 말씀으로 천지를 창조하셨고, 우리는 그분의 형상대로 지음을 받았다. 천지를 만들 수 있는 것이 말씀의 위력이라면, 그분의 자녀 된 우리에게도 그런 위력이 상속됨이 마땅하다. 이 생각을 긍정적으로 사용할 때 기적이 일어난다고 믿고 있고, 실제로 기적은 수없이 일어나고 있다.

조용기 목사님이 쓰신 《4차원의 영적 세계》와 《4차원의 영성》을 읽었을 때다. 존경하는 목사님을 통해 예수님을 믿게 된 나를 생각하며, 나를 사랑하시는 하나님의 선하신 인도하심에 감격했다. 긍정적인 생각과 절대적인 믿음, 하나님이 주시는 꿈을 품고 생명을 살리는 말을 하는 나의 삶은 얼마나 멋진가. 하나님이 주시는 축복 중에 가장 작은 복이 물질의 축복이라고 누군가 말했다. 적어도 나는 가난으로 인해 절망하지는 말자고 다짐했다.

'신경가소성'이란 단어가 있다. 이는 외부 환경의 양상이나 질에 따라 스스로의 구조와 기능을 변화시키는 특성이 있으며, 새로운 신경 연결통로를 만듦으로써 일어나는 뇌의 변화라고 한다. 다시 말해 뇌는 우리의 입을 통해 선포되는 말을 지령으로 안다. 신경 연결통로를 만들어 가는 뇌의 기능이라고 하니, 긍정적인 말을 날마다 선포하면 그대로 이루어져 간다는 뜻이기도 하다,

국민일보 보급소를 시작하고 채 1년이 안 되었을 때였다. 하나님은 내게 데살로니가 전서 2장 3~4절 말씀을 주셨다.

우리의 권면은 간사에서나 부정에서 난 것도 아니요 궤계에

있는 것도 아니라 오직 하나님의 옳게 여기심을 입어 복음 전
할 부탁을 받았으니 우리가 이와 같이 말함은 사람을 기쁘게
하려 함이 아니요 오직 우리 마음을 감찰하시는 하나님을 기
쁘시게 하려 함이라 (데살로니가 전서 2장 3~4절)

　내가 국민일보를 배달할 수 있도록 인도하신 하나님의 뜻을
알 것 같았다. 조용기 목사님의 책《주여 뜻대로 이루소서》를 읽
은 후 교회로 달려갔던 나를 돌이켜 본다. 같은 맥락에서 볼 때
간증 책이나 국민일보나 문서 선교의 방법을 택해서 구원의 역
사를 이루시는 것이다. 내가 목사님 간증 책으로 은혜를 받았으
니 국민일보의 한 지체가 되어 그 은혜를 갚는 것이 마땅하다는
생각이 들었다. 분명한 메시지를 운명처럼 받고 보니 세 번째 물
려받은 영적인 유산이며, 소중한 내 자산이 된 것처럼 뿌듯했다.
　국민일보는 마치 알곡과 쭉정이를 구별하기 위해 하나님의
손에 들려진 키와 같다. 하나님의 키 속에 남겨진 사람은 국민일
보의 진가를 깨닫고 받아들인 사람일까, 아니면 무관심으로 밀
어낸 채 거절하는 사람일까. 물론 이것은 내가 그동안 깨닫고 느
낀 결과지만, 천하보다 귀한 한 영혼을 위해 아니 한 가족 전체
의 영혼을 위해 친히 성령님께서 말씀을 신문 속에 넣어 각 가정

을 방문하신다. 그것을 본 가족들이 은연중에 알곡으로 변해서 많은 열매의 근원으로 변해가는 것이다.

신문을 배달하면서 초교파적으로 많은 집사님과 교제를 나눌 수 있었다. 내 믿음을 확대하여 해석한 그분들은 황송하게도 내게 기도해 주길 부탁하기도 했다. 귀한 수고를 한다며 비빔밥을 만들어서 억지로 먹고 가게 하시던 김영미 집사님은 여러모로 내게 많은 도움을 주신 분이기도 하다. 차 한 잔 마시고 쉬다 가라는 집사님, 어떤 권사님은 이화선교원 원장의 친정 어머님이셨는데 200ml 우유를 준비해 두셨다가 한동안 매일 하나씩 주셨다.

난 오토바이를 타고 갈 때 마음 놓고 목청껏 찬양하며 달리곤 했다. 성경 구절을 앞에 써서 붙여 놓고 외우기도 했다. 듣는 사람이 없으니 마음껏 하나님께 내 안의 기쁨과 감사를 표현하는 방법이기도 했다. 내게 감당시키신 십자가를 버리지 않고 골목골목 누비며 배달하는 이 길을, 적어도 내가 가야 할 천국과 통해 있는 유일한 내 영혼의 통로라 여겼다. 이 길을 포기하는 것은 천국을 포기하는 것과 같다고 생각하며 감사함으로 임했다.

우리 지국의 국민일보 구독자 통계를 내보니 여의도 순복음교회는 40% 정도이고, 나머지 60%가 초교파적으로 보고 계셨다. 꼭 보실 것으로 생각하고 권했다가 거절당할 때는 마음 상한 부분도 있지만 안타까운 마음이 더 컸다. 우리 지국의 유익을 생각해서 갖는 마음이 아니었다. 어차피 그런 기대를 하고 이 일을 하고 있는 것은 아니었다.

내가 배달하지 않으면 운영할 수가 없고 이 일을 하고 얻는 수익이라야 겨우 휘발유를 넣는 정도였다. 게다가 2~3년에 오토바이 한 대씩은 사야 하는데, 중고 오토바이나 살 수 있을까 말까 하는 정도가 수익의 전부였다. 하나님께서 국내 유일의 기독교 종합 일간신문을 창간하게 하셨으면, 우리는 마땅히 믿고 구독해야 할 의무감을 지녀야 한다고 보았다. 의무감이라는 표현이 이상하게 들린다면, 기독교인들의 결집된 힘을 언젠가 하나님이 쓰실 날이 올 것이란 기대라고 해두자.

더구나 다양한 미디어가 양산되고 있는 데다 각자 자기 소견대로 살아가는 요즘일수록, 이 모두를 능가할 수 있는 힘 있는 기독교 일간지가 있어야 한다. 여러 가지 가치가 난무하는 세상 속에서 복음으로 하나가 되게 하고, 우리나라 교계의 방패가 되어줄 수 있는 신문. 온갖 이단 세력을 견제·차단하는 일에 역량을 발휘할 수 있는 신문. 바로 그 매체가 국민일보라고 믿었고, 그 믿음에는 지금도 변함이 없다. 그렇게 되기 위해선 모든 크리스천 가정이 국민일보를 귀하게 여기며, 순종하는 마음으로 구독해야 한다고 생각했다.

그런데 현장에서 부딪혀 보니 내 생각과는 괴리가 있었다. 마땅히 협조할 줄 알았던 교회, 그 정도 믿음이라면 이것저것 따지지 않고 구독할 줄 알았던 많은 기독교인들이 거절을 표했다. 그럼에도 난 배달을 하면서 교패가 있는 가정이 다 본다면 얼마나 좋을까 늘 생각했다.

찰스 쉘던이란 목사가 쓰신 《예수님이라면 어떻게 하실까》라는 책이 있다. 이 책에 대해 독후감을 쓴 적이 있다. 〈레이몬드 데일리 뉴스〉라는 신문사의 에드워드 노먼 사장님이 어느 날 신문 편집을 위해 기도하던 중, 늘 마음 한구석에 결정해야 할 일을 미루고 있는 스스로를 발견한다. 예수님이라면 어떻게 신문을 만드실까 하는 생각이었다. 그날은 놀라운 힘이 그를 무겁게 누르고 있는 느낌을 받았다. 그래서 당장 그 날짜 신문에서 술, 담배 광고를 뺐다. 그러자 많은 광고비를 내고 실었던 광고가 빠져나갔다. 재정은 적자로 돌아설 수밖에 없었다. 힘들었지만 예수님이라면 그렇게 하셨을 것이란 생각을 행동으로 옮기고, 소신껏 밀고 나갔다.

목사님과 교인들은 놀림을 받았지만, 성도들 한 사람 한 사람은 자신의 삶 속에서 '예수님이라면 어떻게 하실까?'를 늘 대입시켜 생각하게 되었다. 그때 버지니아라는 여자가 갖고 있던 재산을 '예수님이라면 어떤 곳에 사용하기 원하실까?' 하고 생각하다가, 바람직한 방법으로 용기 있게 처신한 에드워드 노먼 사장의 신문사에 50만 달러를 투자하게 된다.

베스트셀러 작가로도 유명한 존 맥스웰 목사님은 자신의 나약함을 꾸짖고 모든 망설임을 없앴다. 그 후 담대하게 설교하고 행하며 성령의 능력으로 사역하셨다.

난 《예수님이라면 어떻게 하실까》라는 책을 읽으면서 국민일보를 떠올렸다. 우리 크리스천들도 '예수님이라면 어떤 신문을 보기 원하실까?'를 곰곰이 생각하고 스스로의 판단으로 결정하는 지혜를 가지면 좋겠다. 지금껏 지국을 운영하며 알게 된 것이 있다면, 국민일보는 믿지 않는 사람들을 겨냥한 신문은 아닌 것 같다. 그들은 아예 신문을 거들떠보지도 않는다. 불신자 중에서 구독자는 1%나 될까? 국민일보는 예수님을 믿다가 휴면에 들어간 사람을 깨워 일으키고자 하는 신문, 예수님에 대해 잘 모르는 사람들에게 진리로 다가가 그들을 자유케 하고, 기독교계를 하나로 묶어가며, 사회를 향해 한목소리를 내게 하는 신문이다.

특히 마지막 때에 같은 언어를 쓰는 북한 백성들을 위해 예비

된 신문이기를 간절히 소망한다. 얼마든지 가능성이 있다고 생각한다. 우리 교회엔 통일이 된 후에 성경책 1만 권을 보낼 수 있도록 해달라고 기도하시는 권사님도 계시다. 화요일마다 부침개 전도를 하기 위해, 한 교구마다 한 대씩 탑차를 갖고 있다. 8대의 탑차를 끌고 북한 땅에 들어가 빵을 나누어 주며 전도를 꿈꾸시는 최 목사님의 소망도 이루어질 것을 확신한다. 지역적으로 우리 교회가 북한 땅과 가깝다 보니, 우리의 꿈 또한 그곳의 영혼에 관심이 많다.

조용기 목사님이 개성에 심장병원을 세우고 계시다 지금은 할 수 없는 상황이 됐지만, 그 일을 추진할 때 국민일보 보급이 어느 정도 힘이 되었다고 신문에서 읽은 적이 있다. 깜짝쇼에 능한 그들이 제발 국민일보를 받아들이도록 성령님이 역사해 주시길 바라고 있다. 신문이 나온 지 얼마 안 되었을 때, 나는 김포 직행차부에 '복음게시판'을 만들어서 붙여 놓았다. 거기에 국민일보의 기사를 오리거나 줄을 쳐서 흥미 있어 할 부분을 게시했다. 누군가 차를 기다리다가 그곳을 보고 있는 것을 보면 마음이 기뻤고 보람이 있었다. 미관상의 이유로 1년 정도밖에 하지 못한 것이 아쉽기만 하다.

독일에 작은 언니가 살고 있다. 내가 순복음 소식지 1년치를 대납해 주면 그곳까지 보내주었다. 그렇게 몇 년인가 보내주었더니 집 근처 교회에 출석하게 되었다고 한다. 언니는 지금도 성령님과 동행하는 믿음의 삶을 이어가고 있다. 그 언니에게 요한계시록도 한 질 선물했다. 호주에 있는 남동생은 많은 설명을 하고 역시 테이프를 보냈지만 천주교 신자가 되었다. 듣고 안 듣고는 내가 관여할 수 있는 부분이 아니다. 다만 나는 하나님이 기뻐하실 것이라 생각되면 행할 뿐이다.

여전히 아침 금식을 철저히 지켜가며 새벽기도에도 열심이었다. 김포 성전인 워터스에서 잠시 예배를 드리던 때였다. 그날도 새벽에 기도하러 갔는데, 매일 오시던 분들이 한 분도 보이지 않았다. 모두 휴거가 된 줄 알고 깜짝 놀랐다. 들림 받지 못한 채 남겨졌다는 생각에 얼마나 무섭고 두려웠는지 모른다. 공교롭게도 사정이 있어서 모두 못 나오셨다고 한다. 그 후 지금까지도 내 궁극적인 삶의 소망은 주님 오시기 전에 죽으면 천국이고, 가족 모두 주님의 뜻에 합당한 휴거의 믿음으로 살다가 가는 것이다.

송구영신 예배 때면 언제나 말씀을 하나씩 뽑는다. 2009년을 시작하며 주신 말씀도, 예수님이 이 땅에 다시 오심에 관심이 많다는 것을 아시고 주신 말씀 같았다.

평강의 하나님이 친히 너희로 온전히 거룩하게 하시고 또 너
희 온 영과 혼과 몸이 우리 주 예수 그리스도 강림하실 때에
흠 없게 보전되기를 원하노라 너희를 부르시는 이는 미쁘시
니 그가 또한 이루시리라 (데살로니가 전서 5장 23~24절)

아픔이 달아요

하나님은 토기장이 되시고 난 잘 구워진 토기이기에, 예수님의 손에 이리저리 사용되는 꼭 쓸모 있는 그릇이 되고 싶다. 물을 지나고 불을 지나는 단련은 아프지만, 죽음 같은 시련을 지나 정금같이 나가게 하실 것을 기대한다.

힘들고 시간도 많이 소요되는 신문 보급을 하다 보면 기도가 부족할 때가 많았다. '이렇게 힘든데 기도 좀 덜해도 봐주시겠지' 하는 마음을 갖고 있었다. 하나님은 바로 이 문제를 바로잡아 주시기 위해 채찍을 드셨다. 남편을 통해 내게 문제를 보내셨다. 내 영혼에 유약을 발라 불 속에 집어넣은 것 같은 아픔 때문에 분별력을 잃었던 적이 있다.

국민일보 보급에 순종하는 내 모습 때문인지 하나님은 남편의 건축 사업에 많은 축복을 부어주셨다. 빚도 거의 갚았다. 재정 문제만큼은 내게 맡겼으므로 십일조를 제대로 할 수 있었다. 십일조를 드릴 때 나는 하나님이 주신 것을 돌려드린다는 당연한 생각으로 드렸다. 30배, 60배, 100배로 되돌려 주시기 바라는 마음도 물론 있었지만, 계산을 하거나 안 주시면 섭섭하다는 마음이 깔려 있지는 않았다. 정직한 모습과 거룩한 심령으로 드리고자 했다.

내가 처음 이 간증을 쓰려고 했을 때 고민되는 게 있었다. 십일조에 대한 얘기를 쓰려면 남편 이야기가 나와야 하는데, 이걸 알았을 때 남편으로부터 돌아올 반응이 겁이 났다. 하지만 하나님께서 다 아시고 오히려 전화위복의 기회로 반전시키실 수도 있다는 생각이 들었다.

돈에 여유가 생기자 남편이 또 딴전을 피우는 것 같았다. 원래 이 문제로 늘 마음을 놓고 살지 못했기에 자연스레 의심이 생겼다. 정말 여자 문제라면 현장을 잡아서 반박을 하거나 오히려 덮어씌우지 못하도록 해야겠다고 생각했다. 더 억울하지는 않아야 그나마 참을 수 있을 것 같았다.

매일 신문 배달을 하느라 힘들었지만 삼일 금식을 시작했다. 제목은 증거를 확실히 잡도록 해달라는 한 가지였다. 초등학교 후문 아래 남편 차가 서 있었다. 아무리 생각해도 남편이 아는 사람이 없는 곳이다. 이상한 예감이 스쳐지나갔다. 신문을 돌리던 중이어서 나머지를 마저 다 돌리고, 세 시간쯤 후에 그곳에 다시 갔다. 아직도 차가 그곳에 있는 것을 보면서, 3일간 금식까지 하며 절절한 마음으로 하나님께 기도한 응답이 나타나고 있다고 생각했다.

마침 그 근처에 집사님 한 분이 살고 있었다. 찾아가서 혹시 이 근처에 술집 마담이나 그 비슷한 사람이 사는지 물어보았다. 며칠 전에 우연히 남편의 전화기 앞 메모지에 무슨 마담이라며 낙서가 된 것이 별안간 떠올랐기 때문이다. 그때는 대수롭지 않게 여겼는데, 이제야 연결이 되는 듯싶었다. 그 집사님 말이, 남편 차가 며칠 전부터 계속 그곳에 서 있었다는 것과 다방 마담 하나가 앞쪽 골목으로 다니는 걸 보았다고 했다.

드디어 한 지하방에서 친구 하나와 여자, 남편이 술을 먹고 있는 걸 발견했다. 현장을 잡게 해주신 하나님의 정확한 응답에 소름이 돋는 듯했다. 난 이성을 잃고 신을 신은 채 헬멧을 들고 비호같이 뛰어들어갔다. 그들은 무엇이 두려운지 모두 도망쳐버렸다. 헬멧으로 가구들을 다 부수었다. 순간 그런 내 모습을 보니 정말 싫었다. 순식간에 일어난 일이지만, 내가 그 정도밖에 안 되는 사람이라는 게 부끄러웠다. 정신을 어느 정도 차리고 나왔다.

기도한 대로 현장을 잡게 하신 하나님의 계획은, 조만간 남편의 바람기를 고쳐주시려는 것인가 보다 생각했다. 숱한 여자들을 통해, 나의 인생을 소망 없이 살게 한 남편을 많이도 원망했었다. 그 많은 재산을 주색잡기에 빠져 다 잃고 찌꺼기처럼 살았다. 예수님 믿는다고, 신문지국 한다고 때릴 때에 맞아가면서도 중심을 잃지 않았다. 그런데 하나님이 축복해주셔서 재정에 여유가 생기니까 겨우 돌아온 모습이 이것인가, 나는 자신에게 항변했다. 하지만 내가 한 방법이 옳지 않았음을 금방 깨달았다. 나는 예수님 믿는 사람 아닌가. 이것은 아니었다. 내 스스로가 치졸하게 느껴졌다.

다니엘 철야기도를 작정했다. 기도원에 가고 싶었지만 신문배달 때문에 갈 수도 없었다. 멀지만 그래도 여의도의 교회까지 가야겠다고 결정했다. 남편 눈치를 보아하니 나 몰래 계속 바람을 피우는 것 같았다. 그래도 모르는 척 무관심하게 대했다. 나는 그저 하루도 빠짐없이 예배에 참석하는 데 애쓰고 힘썼다. 내 처지가 처량한 생각이 들기도 했지만, 하나님의 메시지를 듣고자 인내심을 발휘했다.

서울까지 다니는 것은 여간 힘든 일이 아니었다. 서울에 사시던 최 권사님과 가끔 만나서 함께 기도했다. 철야는 12시까지만하고 끝냈다. 차를 타려고 하면 택시밖에 없었다. 걱정하면서 교회 밖에 서 있는데 얼마나 황량한지, 낯선 곳에 덩그러니 내팽개쳐져 있는 이방인처럼 느껴졌다. 두려움도 엄습했다. 그 당시 뉴스에서 택시 타는 것이 위험하다고 자주 얘기하던 때였다. '하나님께 기도하면 될 텐데, 구영옥 너 무슨 걱정을 하는 거야' 하며 속으로 중얼거렸다.

'하나님 아버지, 집에 갈 수 있도록 도와주세요.'

그때였다. 앞쪽에 개인택시 한 대가 서 있는데, 부부인 듯한 분들이 교회에서 막 나와 차 문을 열고 들어가려 했다. 성도일 것이란 생각에 안심이 되었다. 나는 무조건 쫓아갔다.

"혹시 어느 쪽으로 가세요?"

"방화동 방향으로 갈 건데요"

어쩜, 방향이 같다는 사실이 놀라웠다.

"그럼 저도 김포공항까지만 태워주시면 안 될까요?"

거기서는 다시 김포읍까지 가는 택시로 갈아타면 된다. 얼른 태워주시기에 감사한 마음으로 타면서, 이번 역시 하나님께서 내 기도를 신속하게 들어주셨음을 알았다.

그분들은 꽤 값나가는 집을 한 교회에 담보로 내주고 대출을 받게 했다가 잘못되는 바람에 작정기도를 하고 계신 중이라 했다. 내가 김포 읍내까지 가는 중이라 했더니, 김포공항까지만 갈

게 아니라, 우리 집까지 데려다줄 테니 만 원만 달라고 했다. 다니엘 기도가 끝나는 날까지 안전하고, 편하고, 저렴하게 이용하게 해주셨다. 하나님께서 내게 베푸신 손길이었다.

작정한 21일이 다 끝나는 마지막 날, 고석환 목사님이 계신 대구 순복음교회 청년들이 바울 성전에서 성극을 했다. 십자가를 짊어지고 고난의 골고다 언덕을 힘겹게 올라가시는 예수님의 모습을 보며 가슴이 저려 눈물이 줄줄 흘러내렸다. 예수님의 고난이 내 가슴에 절절히 와서 박혔다. 예수님의 입장도 억울하게 느껴졌고, 내 입장도 한없이 억울하게만 생각됐다. 예수님은 우리의 죄 때문에 고난의 길을 택하셨고, 결국은 십자가에서 승리를 이루셨다. 하지만 난 오늘이 마지막 날인데, 아직도 어떻게 해야 할지 몰랐다. 잠시 묵상하며 하나님께 내 고통의 원인을 이젠 알게 해달라고 아뢰었다.

그동안 믿음 안에서 국민일보 지국을 운영하며, 계산하지 않고 하나님만 바라보고 살았다. 하지만 하나님을 따르는 순종의 길에는 여러 가지 조건을 갖춰야 한다. 선머슴처럼 뛰어다니긴 했어도, 기도의 양이 너무 적었다는 걸 깨달았다. 내심 지금까지 내 마음을 안심시킨 것은, 어렵게 힘든 일을 하고 있으니 기도쯤 적당히 해도 될 것 같다는 생각이었다. 그동안 내가 메마른 영혼, 앙상한 영혼으로 살았다는 데에 생각이 미치자, 나 자신의 역량이 하나님의 도구로 사용되기엔 형편없는 불량품처럼 여겨졌다. 남편이 이런 나를 고치는 연장 역할을 해준 것이 분명했다. 생각이 여기에 미치자 남편에게 미안한 마음이 들었다.

다시 새벽기도에 열심을 냈다. 마음에 평안함이 오고, 한 계단 더 인내의 길로 들어설 수 있었다. 남편이나 그 상대 여자도 미운 마음보다는 불쌍하게 여겨졌다. 나는 집에 있는 간증 테이프, 찬양 테이프를 열 개쯤 싸서 그 다방 마담을 찾아가 예수님을 믿으라고 간절히 전했다. 그동안의 난폭했던 내 행동을 용서해 달라고도 했다. 그 여자는 남편이 죽고 시어머니와 세 자녀와 살고 있는데, 시어머니가 교회 집사라고 했다. 고맙고 미안하다고 말하는 불쌍한 한 영혼을 위해 나는 간절히 기도했다.

나를 새롭고 강건한 영으로 만들기 위해 도구가 되었던 남편은, 이 과정을 겪으면서 마음의 고통이 심했는지 당뇨병을 얻게 되었다. 이후로는 언제나 문제가 생기면, 나 자신을 점검하는 습관이 생겼다. 하나님 앞에서 '왜?'라는 항의성 질문은 언감생심 있을 수 없는 건방진 태도다. '아멘'으로 순종하며, 좋은 일이든 나쁜 일이든 하나님의 의중을 살피려 애쓴다.

지금까지 남편에 대해 부정적으로만 표현한 것 같은데, 지금은 예전의 그 사람이 아니다. 뿐만 아니라, 다 적지 못한 장점이 더 많은 사람이다. 착한 성품을 지녔고, 인정이 많으며, 남을 배려할 줄 안다. 급한 성격 때문에 그런 장점이 가려질 때가 있지만, 금방 돌이킬 줄도 아는 사람이다. 시간 약속도 철저하다. 어릴 적 풍요함 속에서 자란 부작용이 혈기 많고, 어려움을 견디지 못하며, 제멋대로 휘어지게 했지만, 악하지 않아서 감사하다. 돈이란 평생 있는 것인 줄 알았다고 말할 정도로 세상의 파도를 모르다가, 나를 만나 살면서 구석구석 몰아치는 길을 함께 견뎌왔다.

22년간 국민일보를 배달하다

1992년 8월 18일부터 쓴 가계부를 들여다보면 많은 기억이 되살아난다. 그 이전 것은 아무리 찾아도 없다. 수입과 지출을 통제하며 규모 있게 살아보자고 쓴 것이 아니었다. 그날그날의 특별한 사건을 간단하게 기록도 하며 실수하지 않으려고, 남에게서 꾼 돈의 날짜와 갚은 날짜, 금액, 생활비 내역 등 기타 지출 내역이 적혀 있었다. '잔액'란은 언제나 계산하지 않은 채 남겨둔 기형적인 가계부지만, 이렇게 내 인생을 대변해 주는 것이 될 줄은 꿈에도 몰랐다. 가계부와 묵상 노트 10년치를 펼쳐 놓고 지나간 세월을 더듬어 올라가 본다. 성령님이 지혜와 명철과 기억의 봉으로 내 생각을 지휘해 주시길 부탁한다.

국민일보 지국을 운영하면서 주기적으로 본사에서 파견된 직원을 통해 확장에도 많은 노력을 기울였지만 좀처럼 부수가 늘지 않았다. 몇 부 늘면 또 몇 부가 떨어져 나가곤 했다. 내 형편으로는 확장 행사를 할 때 드는 비용도 벅찼다. 그저 구독하는 가정에 배달하는 것이 고작이었다.

'교패가 있는 가정만 다 본다면 용기백배일 텐데, 성령님은 국민일보를 타고 각 가정에 찾아가셔서 그들의 영을 소생시키시고 강건케 하시는 일을 하시기 원하실 텐데.'

약하고 초라한 모습으로 십자가에 달리신 예수님은 그 생명을 무자비하게 깨뜨려서 온 인류를 구원해주신 전지전능하신 하나님이셨다. 하지만 모든 성도가 이 신학의 비밀한 진리를 체계적이고 전문적으로 공부하기는 쉽지 않다. 그런데 국민일보 '미션'란을 통해 독자들은 미처 몰랐던 성경 지식을 접하게 되고, 기독교 복음의 진수인 예수님의 십자가 죽음과 부활을 둘러싼 핵심 메시지를 배울 수 있게 된다. '역경의 열매'를 통한 신앙생활의 특별한 간증들은 간접적인 체험이 되어 은혜를 준다. 그 체험들을 묵상할 때마다 필요치 않은 세상 것들을 내려놓게 된다. 세상에서 벌어지는 정직하지 못한 것을 들추어내고 바로 잡기 위해 노력하는 신문이다. 또 광고를 게재하는 데 있어서도 상업성을 좇지 않고 일정한 기준에 따라 선별해서 취급하는 건전한 신문이다.

국민일보는 다른 일간지에 비해 화려하지 않고 볼륨도 얇지만, 천지를 지으시고 주관하시는 하나님의 말씀이 기초가 된 생명의 보고이다. 분별력 없는 세상을 향한 닫힌 눈들이 어찌 보화를 알아볼 수 있겠는가.

나는 많은 크리스천을 위해 그 보물을 날라다 주고 심부름해야 할 사명 앞에 순복하기로 작정했다. 교패가 있는 가정이 냉대할 때는 기회가 있을 때마다 국민일보의 필요성을 이해시키려고 노력했다. 교회도 마찬가지였다. 펄펄 뛰면서 넣지 말라고 연락 오는 곳이 꽤 되었다. 예상했던 부분이었기에 맥은 빠졌지만, 이만한 일로 좌절하지는 않았다. 신문을 구독하고 싶지만 재정이 어려운 교회라 그냥 드리는 곳도 여럿 되었다. 곧잘 보다가도 시험이 들면 국민일보까지 미운지 끊었다가, 마음이 회복되면 재구독을 하기도 했다.

오래전의 일이지만 어떤 집사님 한 분이 생각난다. 홍보용 신문을 거절치 않기에 계속 넣어드리고 있었다. 그러다가 배달 학생의 실수로 배달이 안 되자 내게 연락을 해오셨다. 기쁘고도 죄송한 마음에 직접 갖다 드리며 인사를 나누었다. 그분은 교회에 나가고 있었다. 믿음의 확신이 없었는데, 신문을 보며 은혜를 받았다고 했다. 그럴 때면 큰 보람을 느꼈다. 그 뒤로 특별한 애정과 함께 친분을 갖게 되면서부터 그분의 믿음도 성장하는 것이 느껴졌다. 물론 나중에는 정식으로 구독자가 되셨다.

그분이 대구로 이사를 하였는데, 비가 몹시 내리는 날 전화가 왔다. 비가 너무 쏟아지는데 고생이 많을 것 같다며 생각나서 전화하셨다는 것이다. 이제는 남편도 교회에 잘 나가고, 바라던 아들까지 얻었다며 행복해했다. 이런 소식을 받을 수 있다는 사실 하나만으로도 내 안에 보람과 감사가 넘쳤다. 국민일보 보급의 필요성이 여실히 드러난 경우였다. 나중에 집사님 남편이 국민일보 본사에 전화를 해서 전화번호를 알았다고 하시며 통화한 적이 있었다. 신문을 보급하면서 겪는 이런저런 어려움이 일순 사라질 만큼 온몸에 엔도르핀이 도는 걸 느꼈다. 난 감사의 마음을 담아 책을 보내드렸다.

성도 중에 여성이 훨씬 많다 보니 남편이 믿지 않는 가정에서는 신문을 구독하고 싶어도 감히 볼 수가 없다고 토로하는 경우도 더러 있었다. 두 종류의 신문을 보는 가정도 더러 있지만, 국민일보를 하찮게 여기는 사람들도 많았다. 얇은 두께 때문에도 그런 선입견을 품고 있는 듯했다. 하지만 세상 신문은 광고 지면 때문에 두꺼운 것뿐인데, 그 진가 또한 선택된 자만이 알 수 있는 것이겠다 싶었다.

국민일보의 사시(社是)는 '진실', '사랑', '인간'이다. 국민일보가 활자로 되어 나오기까지 각자 맡겨진 일을 위해 충성하는 지체들이 있다. 조용기 목사님은 계시를 받으신 후 아무도 엄두를 내지 못한 일을 하셨다. 하나님은 3,000억이란 자본금을 투자해서 국민일보를 창간케 하셨다. 신문사는 많은 기자와 직원들을 통해 소식들을 기사화하고 제작하는 사명이 있다. 각 지국에 신문을 전달하는 발송차가 있으며, 우리 지국장들은 각자 맡겨진 지역에서 열심히 보급을 한다. 성도들은 눈물로 기도해 주고, 직접 구독해 주고, 헌금으로 많은 적자 운영을 메꾸어 나가게 해 주었다. 모두가 맡은 역할에 충실하다 보니 30년이 넘도록 성장한 것이리라. 어려운 고비마다 하나님께서 하게 하셨으니, 주님 오실 때까지 꿋꿋이 성장하게 하실 것을 믿는다.

이렇게 보잘것없는 나 같은 사람에게도 열매를 내어놓으라고 하시니 필요하시다면 흔들어 보여드리는 것이다. 앞으로 내가 관여할 수 없는 힘든 일을 겪을 수도 있다. 그러나 문제가 보일 때 안타까워하며 기도하는 것이, 나와 신앙인들이 마땅히 해야 할 일이라 생각한다. 하나님만이 하실 수 있는 영역에서 그 누구도 비판하고 정죄할 수 없다. 좋은 일이든 나쁜 일이든 훗날 정확한 하나님의 계획된 숙제가 시원하게 정답을 보여주실 때까지 말이다.

사랑이여

붉은 이 잔은
그 날 밤 동산에서 흘리셨던
주님의 처절한 눈물입니다

아버지가 가게 하신
그 길 앞에서
아름다운 순종은
나를 품은 사랑이 영근 모습입니다

못이 된 가시를
웃음으로 맞으신 머리에서
죄에 먹이를 주고 있는
내 가슴이 쪼개집니다

녹슨 정죄의 끝이
왜 나를 떠나
갈보리에서 멈추었습니까

주님의 사랑이
내 속의 벌레들을
끄집어내셨습니다

서른아홉 대는
너무 많습니다
내가 그랬는데
내가 그런 건데
내 안이 들여다보이는 그 문이
날마다 열려 있는 것이 문제입니다

참으시는 아픔의 골짜기마다
찢긴 살점들은
역류하는 핏속에서 천천히 일어섭니다

내게로 몸을 돌려 내미시는
손의 흔적에 내 손 얹어
그 손 놓칠세라 눈 감습니다

다 이루신 열매가
다시 사신 단지 속에서
퍼먹기만 해도
그냥 기쁘다고 안으시는
나를 향한
사랑의 완성이십니다

2장

하나님께 빠진 여자

내게로 오시므로

그냥
의미 없이
세상을 응시하던 내 눈은
소리 없이 울고 있었는데

그대가 보시다가 내 안에 오시므로
보석이 되고
사랑이 되고
하늘이 되어
은혜가 빛처럼 쏟아집니다

이제부터 나는
어떻게 우나요

쏟아져 내리는 은혜의 빗살로
쓰러진 잘못들을
땅으로 빗으며

그대가 흘린 피에 젖어가도록
그래서 진주로 피어지도록

그렇게 웃으며
울 겁니다.

막내의 스승의 날

　토요일이라 오늘만 배달하면 내일은 쉰다는 기분 좋은 생각을 하며, 오토바이에 신문을 잔뜩 싣고 떠날 채비를 하고 있었다. 그때 막내아들 성웅이가 교통사고를 당해서 서울 정형외과 병원에 입원했다는 연락이 왔다. 다음날 태권도 시합에 나가려면 체중을 감량해야 한다며 온종일 밥도 못 먹고 손목에 '검'자를 찍고 집에 오다가 변을 당한 것이다.

　초등학교 5학년이었던 성웅이는 막내라 그런지 안쓰러운 마음에 학교까지 매일 데려다주었다. 걸어가면 20분은 족히 되는 거리였기에 1학년 때부터 오토바이로 등교시켰다. 그런 아들이 다쳤다는데 아무 생각이 나지 않았다. 도저히 그날은 배달할 수 없을 것 같아 신문을 놔두고 병원으로 달려갔다. 팔다리는 멀쩡한데 머리를 다쳤는지 아무도 알아보지 못했다. 계속 헛소리만 하는 것을 보며 심각한 상태임을 알았다. 머릿속이 하얘졌다.

　가해자는 휴가를 나온 군인이었는데, 동석한 애인과 얘기하다

올바로 가고 있던 우리 애를 미처 피하지 못하고 뒤에서 받은 것이었다. 차 앞 유리에 금이 가고 범퍼가 찌그러졌는데, 성웅이가 '붕' 떴다가 머리로 떨어졌기 때문이었다. CT 촬영을 하기 위해 앰블런스를 타고 공항 병원으로 이동하는 중에 우리 애가 갑자기 유리창으로 나가려고 하면서 "엄마가 빨리 오라고 했는데…" 하면서 쩔쩔맸다. 난 너무 놀라서 함께 타고 가는 가해자를 보고 "당신, 하나님께 살려달라고 빨리 기도해!" 하고 소리쳤다. 남편이 있거나 말거나 큰 소리로, 하나님 아버지 제발 살려달라고 기도했다. 여태껏 난 남편 앞에서 감히 기도하는 모습을 보이지 못하고 살았었다. 그만큼 다급함이 용감하게 만들었다.

병원에 도착하자마자 전화로 집사님들에게 급히 기도 부탁을 드렸다. 대여섯 시간이 지나자 차츰 아들의 정신이 돌아왔고, 나를 알아보았다. 난 즉시, 아들이 나을 때까지 금식할 것을 선포했다. 목사님과 십여 명의 집사님들이 찾아오셔서 신속하게 통성으로 기도해 주신 은혜에 감사드린다. 그분들께 음료수를 갖다 드리고 감사해하는 남편을 보며 아버지의 사랑을 보았다.

성웅이에게 더 나쁜 일이 생긴다면 무조건 국민일보 보급을 포기할 거라고 하나님께 으름장을 놓았다. 하나님이 손해 보실 테니 알아서 하시라고도 했다. 내가 국민일보 지국을 하면서 얼마나 많은 부분을 포기했는데, 어떻게 사랑하는 아들에게 이런 일이 일어나게 하시는지 섭섭하다고도 했다. 지금 생각하면 부끄러운 모습이었다. 내가 뭐 대단한 일을 했다고, 아이를 다치게 하신 분이 하나님도 아닌데 말이다.(그러나 위기 때 생떼를 써도 되는 아버지가 계시다는 건 정말 든든한 배경이 아닐 수 없다.)

병원에서는 토하는 경우를 확인하는 것 외에 별다른 치료를 하지 않았다. 다음날은 주일이었는데, 새벽예배 시간에 달려가 감사헌금을 드렸다. 피곤한 김에 잠시 졸았나 본데 꿈을 꾸었다.

어떤 청년이 보이는데 그가 마귀라는 생각이 들었다. 그래서 그를 향해 예수 이름으로 쫓는 기도를 계속 했더니 형체가 흐물흐물 스러지듯 녹아 없어져 버렸다. 꿈이었지만 확실히 기억되면서, 하나님께서 성웅이를 고쳐주셨다는 확신이 생겼다. 진실된 마음으로 감사의 기도를 올려드렸다. 그 이후 지금까지 성웅이의 건강엔 문제가 없다.

다치고 석 달 후, 성웅이는 1993년 8월 27일에 침례를 받았다. 그때 군 복무 중이었던 큰아들 생각이 나서 가해자에게는 치료비만 내라고 하고 무조건 합의해 주었다. 성웅이가 다친 1993년 5월 15일, 이 날은 하나님의 메시지를 담은 국민일보를 위해 내가 필요하다는 걸 깨달은, 믿음의 표적과 같은 날이었다.

예고 없는 전환점

1994년 1월 15일은 큰아들 성균이가 공군을 제대하고, 10월 25일은 둘째 아들 성조가 육군에 입대했다. 큰아들은 비행기 정비사가 되려는 꿈을 접고, 제대하자마자 김포시청에 입사했다. 그곳에 입사한 지 몇 달 안 돼서 큰며느리를 만났고, 2년 후인 96년 3월 3일에 결혼을 했다.

그들이 결혼하기까지 어찌 우여곡절이 없었겠는가. 큰며느리를 처음 만났을 때 내가 어디 사느냐고 물으니까, 아들이 그냥 "저기 살아요."라고 얼버무렸다. 이상한 마음이 들어 재차 물으니까 용화사라는 절의 주지가 친정아버지라는 것이다. 예수님 잘 믿는 며느리를 만나게 해달라고 얼마나 기도했는데. 이 사실을 알고 나니 기가 찰 노릇이었다. 키도 크고 예쁘장한 외모로만 보면 점수를 많이 받을 만했지만, 내가 원하는 조건으로 보면 말을 더할 필요조차 없었다. 순간 거절하려는 내 마음에 하나님께서 참 빨리도 말씀하셨다.

"너는 저 아이보다 더 우상을 숭배했던 사람이었다. 내가 저 영혼을 사랑해서 너에게 보내니 받아들여라."

하나님은 말씀을 주시며 거절하지 못하도록 내 입을 막아버리셨다. 마음은 받아들여야 한다고 생각하면서도 보면 볼수록 탐탁지 않았다. 말도 안 듣게 생겼고, 짧은 치마와 찢어진 청바지와 도도한 행동들이 무조건 싫었다. 데이트하느라고 남편 차와 내 차를 번갈아 끌고 다니는 아들놈도 꼴 보기 싫었다. 그러다가 드디어 내 차를 타고 가다 사고를 냈다. 그날이 1995년 12월 27일이었는데, 월급 외에 연말 보너스를 탔다고 한다. 나는 애들에게 십일조를 강력하게 권했는데 그 돈으로 술을 마셨다고 한다. 사고 난 일과 십일조 떼먹은 일을 결부시키자 아들은 비로소 깨달음을 얻게 되었다.

아들은 이 일로 인해 지금까지 십일조를 철저히 하고 있으니 전화위복이 아니고 무엇이겠는가. 게다가 아들 내외는 내가 사귀는 것을 반대하는 중에 임신을 해버렸다. 작전상 그랬는지는 잘 모르겠지만, 그 말을 듣는 순간 내 마음이 너그러워졌다. 예수님을 몰랐다면 유산을 시키라고 했겠지만, 살인죄를 내가 감당할 이유가 없었다.

희한하게도 마음으로 그들을 받아들이고 나니 며느리가 예뻐

보이기 시작했다. 이중적인 나를 생각해보면 간사하기 그지없지만, 1996년 3월 3일 결혼을 했고, 1996년 7월 17일에 사랑스러운 손녀가 태어났다. 남자만 있던 우리 집에서 기다리던 딸이었다. 조우희라는 이름도 내가 직접 지었다.

남편은 성격이 불같아서 나를 힘들게 하기도 하지만, 내 의견을 곧잘 존중해주는 편이다. 이름을 지을 때도 내 뜻을 따라 주었다. 시간이 지나면서 남편도 조금씩 성품이 변했다. 그 남편이 우리 가정의 머리됨을 하나님께서 누차 말씀해 주시는데, 어찌 남편을 함부로 대할 수 있겠는가. 단점만 90% 된다고 여기며 살았던 지난 세월이었지만, 감사하는 마음을 갖고 하나하나 점검해보니 귀한 점이 훨씬 더 많음을 알게 되었다.

이런 남편을 사이에 둔 큰며느리와 나의 인연을 말하고 싶다. 한창 속 썩이던 때였고, 나 역시 예수님을 만나지 않았을 때였다. 큰아들이 초등학교에 다닐 때였다. 하고많은 날 외박을 일삼던 남편이 그날도 들어오지 않았다. 사무실에 가보니 두꺼운 전화번호부가 펼쳐져 있고, 용화사란 곳에 밑줄이 쳐져 있었다. 예감이 좀 특별해서 돈도 없이 무조건 택시를 탔다. 다행히 택시기사들은 다 아는 사람들이어서 택시비를 외상으로 할 수가 있었다.

아침밥을 짓기도 전인 이른 시각에 이러고 있는 내가 가엾게 느껴졌다. 남편의 외박을 포기하고 있다가도 참지 못하는 날이 있었다. 사업이랍시고 벌여 놓은 것을 다 탕진하고 있다는 생각에 그냥 있을 수가 없었다. 사찰 아래쪽에 방만 여러 개 붙여 지은 집이 있었다. 그곳에서 요양 목적으로 와 있던 여자를 만나러 남편이 들락거린다는 사실을 알게 되었다. 그때 절간 앞에서 열 살도 안 된 여자아이가 나를 물끄러미 쳐다보고 있었다.

나중에 알고 보니 그 여자애가 바로 큰며느리였다. 그 당시 큰며느리는 그 여자와 함께 목욕탕도 가고, 미장원에도 따라갔다고 했다. 그 여자와 만나던 사장님이 시아버지가 된 사연이, 한마디로 내 슬픈 세월을 설명해 주고 있다. 이 일 말고도 수없이 많은 사연을 안겨준 남편이지만, 지금은 그때만큼 밉지 않으니 모두 용서했다고 믿고 싶다. 아니, 사랑한다.

남편이 연립주택을 짓는 동안, 재정적으로 많은 도움을 주시던 친정어머니가 한 채를 사서 202호에 살고 계셨다. 혼자 사셨기 때문에 군대에 간 둘째와 큰아들네를 뺀, 세 식구가 합치게 되었다. 부모와 자식 간이니 무슨 계산이 필요했겠는가. 그래도 늘 부족한 재정 때문에 보증금도 조금만 드렸으니 얹혀사는 기분으로 지냈다. 그러던 중 손녀가 태어났다.

어느 날 따로 사는 큰아들 내외가 두 달밖에 되지 않은 손녀를 데리고 왔다. 겁이 나 도저히 못 기르겠으니 거실에서라도 함께 살게 해달라며 무조건 밀고 들어왔다. 15평밖에 안 되는 연립에서 7식구가 어떻게 살았나 싶은데, 또 그런대로 살아졌다. 어린 손녀를 가운데 놓고 찬바람이 들어오는 거실에서 아들네 식구는 이불을 뒤집어쓰고 자야 했다.

처음 지은 집이라서 군데군데 미비점이 드러나고 방한이 잘 안 되었다. 우리만 방에서 자기 미안했지만, 부모를 위한답시고 한사코 자기네들이 거실에서 잤다. 그것이 지금도 마음을 아리게 한다. 믿음이 없었어도 며느리는 꼭 주일성수를 했다. 큰아들의 단호한 성격이, 반드시 해야 할 일 중 하나가 교회에 출석하는 것임을 주지시킨 것도 작용했을 것이다.

큰며느리가 해산날이 며칠 남지 않았을 때였다. 나는 조장이었고 구역 식구들과 작정기도를 드렸다. 일주일간 각자의 문제 하나씩만 내놓고 집집마다 장소를 옮겨가며 작정기도를 했다. 그때 맨 마지막 날인 토요일이 큰며느리네 차례였다. 떡국을 끓여서 대접했던 기억이 난다. 큰며느리의 기도 제목은 아기가 거꾸로 자리를 잡고 있어서 똑바로 돌려주시도록 하는 것이었다. 출산일이 임박하자 병원에서는 저절로 돌아오지 않는다며 수술을 권했다고 한다.

며느리는 이번 기도회에서 아기가 제자리로 돌아오면 도시락을 싸 들고 다니며 친구들에게 간증할 거라며 기대하고 있었다. 신기하게도 모든 구역 식구들의 기도 제목이 모두 응답을 받았다. 병원에 가서 치료하려던 비염을 고쳐주셨고, 받지 못하던 돈을 받게 해주셨고, 가지가지 문제에 응답해 주셨다.

큰며느리네도 기적이 일어났다. 작정기도를 드린 다음 날, 주일 예배를 드리고 와서 집에 있는데 뱃속에서 크게 꿈틀해서 기분이 이상했다고 한다. '아기가 정말 돌아왔나 보다!' 하면서 월요일을 기다리다 병원에 갔다고 한다. 진찰을 해보고 난 후 아기가 제자리로 돌아왔다는 소리를 듣는 순간 소름이 쫙 돋았다고 한다. 이것이 큰며느리의 첫 번째 체험으로 큰 영적 재산이 되었다.

하나님은 연립에 사는 동안에도 꿈을 통해 많은 것을 보여주셨다. 늦게 예수님을 만난 큰며느리에게 하나님께선 바쁘게 속력을 내셨다. 꿈속에서 기이한 체험을 많이 하게 하셨다. 연립 창문으로 날개 달린 천사들이 여럿이 찾아와 무어라 소곤거리며 딸 우희를 축하해 주는 듯한 꿈, 자기 남편과 시가 식구들은 모두 천국에 가는데 자기는 못 가서 엄청나게 울었다는 꿈, 한줄기 강렬한 빛이 비치는 교회 대성전에서 조용기 목사님이 딸 우희에게 예쁘고 하얀 조개껍데기에 맑은 물을 담아 먹이시며 남다른 총명을 칭찬하셨다는 꿈 등 다 기억하지는 못하지만, 이런 꿈 애기를 할 때마다 내게는 없는 특별한 은사가 며느리에게 주어졌다고 생각했다.

물론 너무 꿈에 의존하는 것은 안 되지만, 나 역시 꿈을 통해 계시하시거나 하나님의 뜻을 받을 때가 더러 있었다. 주일이면 어김없이 교회에 가려고 순종하는 며느리의 모습이 예뻤다. 1997년 7월 18일은 며느리의 생일이었는데, 공교롭게도 침례를 받는 날이기도 했다. 그렇게 큰며느리는 한 계단씩 하나님과의 관계를 회복해 나갔다.

어느날 친정어머니 집에서 나와야 할 사정이 생겼다. 그런데 천만 원도 채 안 되는 보증금을 못 주신다고 했다. 연립을 담보로 은행에서 얻은 돈이 있었는데, 그것을 다 갚으라는 것이다. 우리가 하도 어려우니까 지금 안 받으면 언제 받겠느냐는 생각이셨나 보다. 정말 일곱 식구가 맨손으로 나와야 할 판이었다. 어머니를 이해하려고 마음먹다가도 어떻게 이럴 수가 있으실까 야속했다. 어느덧 내 마음속에는 친정어머니에 대한 섭섭한 감정이 가지를 치고 있었다,

어머니는 내게 많은 도움도 주셨지만, 칼 같은 면도 갖고 계셨다. 내가 오랫동안 국민일보 보급하는 것을 무척이나 못마땅해 하셨다. 돈 한 푼 못 버는 걸 왜 하느냐며, 위험하고 고생스러운 것이니 더욱 그만두어야 한다고 수시로 말씀하셨다. 욕까지 하시면서 차라리 식당이나 공장에 나가서 돈을 버는 게 낫겠다고 조롱 섞인 비난을 하신 날엔 새벽 두 시까지 눈이 퉁퉁 붓도록 몰래 울었다.

장기 지국을 개설할 때도 그랬다. 보증인이 필요해서 보증을 서 달라고 부탁드렸다. 오늘은 서 주시겠다고 하시고는 다음 날은 고생스러우니 하지 말라고 거절하셨다. 서너 번을 번복하시더니 끝내 안 해주셨다.

이런저런 일들이 나를 힘들게 했지만, 가장 시급한 것은 집을 구하는 일이었다. 그때 퍼뜩 생각 하나가 스쳐갔다. 우리도 세금을 낸다는 생각이었다. 남의 땅에 지은 건물이 하나 있었는데, 그것에 대한 세금으로 남편 이름의 보증이 가능했다. 많은 빚이 생긴 것은 건물을 지어주고 받지 못하거나 부도가 난 어음 때문이었다. 지금까지도 하성에 지어준 공장은 일억 이상 받지 못한 채 포기했다.

그 당시 상가 건물에서 오천만 원을 받지 못한 곳이 있었다.

나는 그 상가 지하실에 방을 꾸미고 들어가 살기로 하고, 상가 주인과 남편을 설득했다. 갈 곳이 없는 막바지에서 하나님은 큰 용기와 지혜를 주셨다. 나는 언제나 꿈을 꾸는 사람이다. 터널과 같은 광야를 꿋꿋하게 지나다 보면, 반드시 저 앞에 밝은 미래가 기다리고 있다. 하나님과 함께 하는 광야이기 때문이다. 재물이 하나님과의 만남을 가로막고 있어서 영적인 맹인일 수밖에 없다면, 모든 것을 잃고 주님을 만나는 게 더 큰 축복이다.

방을 꾸미자니 돈이 필요한데, 정말 한 푼도 없었다, 앞에 산 같은 문제가 버틸 때마다 기도했던 것을 어찌 다 쓸 수 있을까. 우선 아이들이 갖고 있던 신용카드를 이용하기로 했다. 현금서비스도 받고, 외상도 좀 쓰고, 카드로 자재를 사며 방 세 칸과 조그만 거실을 만들고 우리는 정말 기뻐했다. 그것도 잠시, 평수가 80평이 다 되니 넓기는 했지만, 불편한 점이 많았다. 물도 모터로 끌어올려야 했고, 모터가 속을 썩일 때는 지하실 바닥이 물로 흥건해서 쓰레받기로 퍼내야 했다.

햇빛도 들어오지 않았다. 겨울이면 안과 밖의 온도 차이 때문에 천장에서 방바닥으로 물이 떨어져 내렸다. 커다란 비닐을 천정에 대고 압핀으로 고정하고, 테이프로 붙여가며 그냥 그렇게 되는 대로 살았다. 그 고생 속에서도 살 곳이 있음에 진심으로 감사했다. 모든 식구가 그 상황에서도 도망치지 않고 받아들이는 마음이어서 입으로는 불평하지 않았다. 카드를 제때 결제하지 못하자 독촉이 얼마나 심한지, 사실 개인적인 빚도 있어서 전화를 아예 받지 않고 살았다.

어느 날, 큰아들이 다니는 시청으로 전화가 왔다. 나랑 연락이 안 되니 김포 순복음교회 사모님께 전화해 보라는 전언이었다. 한 번도 만나서 얘기해본 적은 없었지만, 말씀은 듣고 있었던 터라 나도 어떤 분인지 궁금했다. 나의 멘토와 같은 최 권사님이 그 교회 목사님의 누님이었다. 훌륭하신 목사님 부부라는 생각을 늘 하고 있었던 터라 즉시 찾아뵈었다.

김포 순복음교회 근처를 영적 전쟁터로 삼고 있던 중 조씨 문중의 사당과 문제가 생긴 모양이었다. 마침 우리 시댁과 성이 같아 참고할 것이 있을까 해서 만나보기를 원하신다는 것이었다. 여의도 순복음교회에서 목회를 하시다가 개척한 지 얼마 안 된 시기였다. 우리 시댁과 무관한 곳임을 알려드렸는데, 왠지 조금씩 자리가 잡혀가는 그 교회에 자꾸만 마음이 갔다. 난 그때까지만 해도 여의도 순복음교회를 떠나면 큰일나는 줄 알았다.

1999년 8월 29일은 내 마음에 평안함과 소망 한 자락을 얹어준 김포 순복음교회로 처음 출석한 날이다.

컨테이너 장막의 기쁨

장기 지국이 정식으로 개설되었다. 그러나 공식적으로 인정만 해 주었을 뿐, 전화기도 우리 집 것을 썼고 오토바이도 내가 샀다. 사무실도 없는 상황이라서 발송차는 우리 집에 신문을 내려놓고 갔다. 신문사로부터 어떤 도움도 받지 못하는 형편인데도 나는 정말 기뻤다. 장기 지역에서 국민일보를 살려 놓고 싶었기 때문이다.

장기동 배달 지역 안에 우리 시댁의 종중산이 있었다. 그곳에 100평을 허락받아 이층집을 지을 양으로 50평을 기소해 놓았다. 수금해서 지으려고 계획했었지만, 뜻대로 되지 않아서 방치한 상태였다. 그곳에 컨테이너박스를 설치하면 세를 받아 재정적으로 도움이 될 것 같았다.

신문을 배달하고 오는 길에 들러서 땅 밟기를 하는데, 혼자서 이리저리 궁리하느라 머리가 복잡했다. 근처의 아는 고물상에서 영종도 인천공항 지을 때 사무실로 쓰던 컨테이너를 외상으로 샀다. 너무 크다 보니 크레인을 빌리고, 옮기는 것도 복잡했다. 마침 그때 남편은 강원도 친구 집에 갔기 때문에, 나 혼자 진두지휘를 했다. 나중에 남편이 알고 놀라서 기막혀했다. 생각나면 즉각 행동으로 옮기는 내 급한 성격을 본 탓이다.

컨테이너 둘을 마주 보게 떨어뜨려 놓고, 공간은 거실을 만들고 지붕은 샌드위치 패널로 만들었다. 문도 해 달고 전기도 가설했다. 보일러도 놓고 우물도 파는 등 웬만한 일은 남편과 둘이 다 했다. 옆 동네에 현대 아파트가 입주하고 있었는데, 리모델링하는 집이 많아서 멀쩡한 문짝이며, 필요한 자재들이 꽤 얻어졌다. 그 재료마다 예수의 피를 뿌리며 기도했다. 남편의 손을 통해 꽤 큰 집이 되어갔다. 40평은 족히 될 것 같았다.

하지만 아쉽게도 정식으로 허가가 난 집이 아니라서 아무도 전세를 구하러 오지 않았다. 방을 세놓기 위해 사흘 동안 금식기도를 하기로 했다. 배달하느라 힘은 들었지만, 마지막 기도 때는 자꾸 구역질이 나고 입에서 쓴물이 올라와 중간중간 뱉으며 다녔다. 마귀의 진이 파괴되는 중이었다.

하나님의 응답은 남에게 세를 주는 것이 아니라, 우리 식구가 이곳에 와서 사는 것이었다. 지하실에서 산 지 만 4년만인 2001년 8월 4일, 마침내 우리는 내 집으로 이사했다. 궁궐같이 여겨졌다. 집은 허술해도, 내 땅에 지은 내 집에서 산다는 사실에 무척 감사했다. 뒷산에서는 토종밤이 열렸고, 송이버섯이 열렸다. 닭도 기르고 텃밭도 가꾸고 살았다. 여러 가지로 먹을 것을 풍족하게 주셨고, 많은 부분에서 누리고 살도록 해주셨다.

여기서 사는 동안 잊지 못할 몇 가지 일들이 있다. 천정에서는 쥐들이 신나게 뛰어다니곤 했다. 이년 정도 지나니까 그 속에서 죽은 쥐가 있었는가 보다. 어느 날인가부터 구더기가 벽을 타고 내려왔다. 가장자리를 테이프로 아무리 잘 붙여 놓아도 어디로 나오는지 계속해서 기어나오는데 당할 수가 없었다. 지하실에서 살 때는 물이 떨어지더니, 이곳에서는 구더기가 떨어졌다. 자다가도 얼굴에 떨어지곤 해서 깜짝깜짝 놀랐다. 그 일을 한 달 동안 겪은 것 같다. 하지만 그런 환경 속에서도 광야에 익숙한 우리 가족들은 어떤 불평도 하지 않았다.

우리의 광야는 물이 없는 사막도 아니고, 햇볕이 뜨겁거나 추운 곳도 아니다. 떨어지는 구더기는 주워서 버리면 되고, 틈이 보이면 막으면 된다. 씨가 마를 때까지 뒤치다꺼리를 하다 보면, 언젠가는 끝이 난다. 환경의 열악함이 근본적인 우리의 감사를 이기진 못했다.

권사 임명

김포 순복음교회가 창립 6주년을 맞이했을 때 나는 권사로, 큰아들은 집사로 임직식을 가졌다. 언행심사를 조심하며 권사에 합당한 삶을 살고, 성실로 본을 보여 교회에 필요한 지체가 되자고 다짐했다. 힘은 들지만, 새벽 세 시부터 신문을 돌리는 일이 주어진 것에도 감사했다.

아무도 다니지 않는 새벽에 혼자 엘리베이터를 타고 올라가기가 섬뜩해서 무서울 때도 있었다. 그럴 때면 용사 같은 단호한 모습으로, 보이지 않는 권세를 향해 예수님 이름으로 소리쳤다.

"내가 나사렛 예수 이름으로 명하노니, 생각으로 오는 두려움의 귀신아! 묶음을 받고 떠나갈지어다."

이렇게 한마디만 하면 금세 평안해졌다. 각 라인마다 엘리베이터 안에는 모기가 있었다. 어느 날 모기가 물기에 잡고 보니 상상외로 피를 많이 빨아 먹은 놈이었다. 기분이 나빴다. 나쁜 병을 갖다 주면 어쩌나 하고 순간 걱정하다가 믿음으로 부정적인 생각의 싹을 묶어 버렸다. 그리고 언제나 시편 23편을 노래처럼, 신앙 고백처럼 외우고 다녔다.

　여호와는 나의 목자시니 내가 부족함이 없으리로다
　그가 나를 푸른 풀밭에 누이시며 쉴 만한 물 가로 인도하시는도다
　내 영혼을 소생시키시고 자기 이름을 위하여 의의 길로 인도
　하시는도다
　내가 사망의 음침한 골짜기로 다닐지라도 해를 두려워하지
　않을 것은 주께서 나와 함께 하심이라 주의 지팡이와 막대기
　가 나를 안위하시는도다
　주께서 내 원수의 목전에서 내게 상을 차려 주시고 기름을 내
　머리에 부으셨으니 내 잔이 넘치나이다
　내 평생에 선하심과 인자하심이 반드시 나를 따르리니 내가
　여호와의 집에 영원히 살리로다

　성함은 기억나지 않지만, 몇 달 전 '역경의 열매'에 나오신 분이 시편 23편을 통해 기사와 이적을 체험했다는 것을 읽은 적이 있다. 가장 좋아하는 구절이어서 주변의 사람들에게 액자에 붓펜으로 써서 선물로 드리기도 했다.

부족한 딸의 회개

대구 지하철 사고로 처참한 뉴스가 연일 보도되던 때였다. 그것을 보면서 매일 우시며 우울해하시던 친정어머니가 갑자기 치매 증상을 일으키셨다. 그때는 우리 집 근처에 사셨기 때문에 달려가서 침 자리 십 선이란 곳을 찌르고 사관 자리, 인중, 백회, 아는 곳은 모조리 찔렀다. 내 딴에는 응급처치를 한다고 한 것이다.

여러 달 동안 병원을 전전하시다가 송도에 있는 요양원에 들어가셨는데, 그곳엔 여러 형태의 환자가 층별로 나뉘어져 있었다. 마음대로 나올 수 없게 되어 있어서, 대화도 면회를 갈 때만 할 수가 있었다. 내가 면회를 간 날이었는데, 엄마 얼굴이 시퍼렇게 멍이 들어 있었다. 사무실 뒤 창문을 통해 도망치려다 난간에서 떨어져 다쳤다는 것이었다. 엄마가 제정신이 아니라며 모두 중증환자 취급을 했다. 엄마가 하시는 얘기는 귀담아듣지도 않았다.

그런데 내가 느끼는 것은 달랐다. 완전한 회복은 어렵겠지만, 그냥 지나치면 안 될 것 같았다. 그때 남편과 둘이 갔었는데, 엄마는 두려움에 떨면서 제발 나가게 해달라고 애원하셨다. 나중에는 나에게 협박도 하셨다.

"네가 나를 여기 그대로 두면 분명 후회할 거다."

하나님께 살려달라고 매일 기도했다는 말에, 나오시도록 결정했다. 이날은 속만 썩이던 딸이 가장 효도한 날이기도 하다. 성령님이 기도하는 딸을 통해 올바로 보게 하신 것이다. 엄마는 넉 달 정도 우리 집과 아들네 집에 계시다가, 천사 요양원이란 기독교 재단의 양로원에서 92세로 소천하셨다. 내가 살갑지 못한 부분이 있어서 효녀는 못 되었지만, 하루도 빠짐없이 주님이 부르실 때까지 건강하게 사실 수 있도록 진심으로 기도를 드렸다. 엄마에 대해 섭섭함도 있었지만, 한 분밖에 없는 나의 어머니다. 또 나 스스로도 속을 많이 썩혀드린 것을 안다. 마치 평안 속에 잠자듯이 누워 계시던 어머니의 주검이 천국에 임하셨음을 느끼고 안심이 되었다.

섬김의 학교 공부 중 엄마에게 찾아가서 용서를 빌고, 용서를 받는 시간을 가졌다. 예수님을 믿는 삶은 정말 멋진 모습이라고 생각한다. 부모와 자식 간에 생긴 미움의 골이 깊을 수도 있는

데, 존중하는 마음을 갖고 용서하고 사랑하려고 애쓰는 모습이 생기게 한다. 나도 부모다, 자식은 내 소유물이 아닌 하나님의 자녀다. 자녀들에게 상처를 주지 않고 사랑을 주는 엄마가 되려고 노력한다.

큰아들네

큰며느리가 웬일로 저녁 시간에 드리는 다니엘 기도회에 참석했다. 장막 문제를 놓고 기도해야겠다고 생각했는가 보다. 기도한 지 칠 일째 되는 날이었다. 언제나 내 옆에서 기도했기 때문에 모두가 고부간의 모습을 부러워했다. 나는 우리 사이가 룻과 나오미를 닮았다고 여긴다.

그날은 며느리에게 성령이 오신 행복한 날이었다. 몸에 진동이 주체할 수 없을 정도로 임하는 것을 눈으로 보아도 알 수 있었다. 진땀이 흥건히 흐르고 옷이 흠뻑 젖었다. 환상을 계속해서 보여주시고 방언도 주셨다. 나는 손을 붙들고 안아주며 기도해 주었는데, 자제가 되지 않자 목사님이 오셔서 안수해 주시고 다른 전도사님들도 기도해 주셨다.

남남으로 살다가 하나님의 계획하심에 부모와 자식의 연을 맺은 우리 사이다. 예수님 안에서 믿음으로 살게 하시더니 큰 선물을 주신 그 순간을 난 잊을 수가 없다. 며느리는 결혼하고 7년이 되는 동안 다니엘 기도가 처음이었다. 순순히 따라와 주는 그 모습이 기특하고 예쁘더니 하나님 마음이 내 마음과 같으셨나 보다. 목사님을 통해 주신 말씀은 "네가 오기를 오랫동안 기다렸다"는 것이었다.

이날을 기점으로 다니엘 기도 내내 성령님이 찾아오셨다. 며느리 주변에 있는 한 사람, 한 사람을 지적하시며 영혼을 구원하기 위해 찾아가라고 하셨단다. 며느리는 순종하기 위해 친정엄마, 친구, 학원 원장을 찾아가 예수님을 전했다. 하나님께서 그렇게 노력하는 것을 보았다고 하시며 칭찬하셨다고 했다.

며느리가 시집오고 나서 성경을 일독할 때 심상치 않게 여겼었다. 하나님께서 신학을 하도록 문을 열어주셨지만, 1년 반밖에 다니지 못했다. 등록금을 댈 수가 없었다. 앞으로 이 문제의 숙제는 하나님만이 풀게 하실 것이다. 큰아들 역시 2010년 1월 다니엘 기도회에서 말씀을 주신 엘리스 스미스 목사님께서 십 분 동안이나 주의 종의 사명이 있음을 말씀해 주셨다. 우리 가정에 영적인 축복을 쌓을 곳이 없도록 부어주고 계셨다. 6월 29일부터 큰아들은 베이스기타로, 며느리는 키보드로 2부 예배에서 섬겼다.

그동안 이런저런 과정이 있었지만, 영적으로 성숙하는 과정이다. 다윗과 같은 마음으로 하나님을 찬양하는 자들이 되게 해달라고 기도한다. 그동안 그들이 교회 안에 깊숙이 들어와 섬김의 학교에도 열심을 내고 때론 주저앉아 있을 때도 있었지만, 변해가는 모습을 보면서 너무 감사드린다. 손녀딸 우희도 믿음 안에서 잘 자라주고 있다. 성령의 영이신, 여호와의 영, 지혜의 영, 총명과 모략의 영, 재능과 지식의 영, 여호와를 경외하는 영이 늘 충만하게 우희와 함께하시기를 간구한다.

5월 22일, 큰아들과 함께 상암 경기장에서 열리는 50년 희년 성회에 다녀왔다. 아들은 웬일로 직장을 빠져가며 참석했다. 평생에 한 번 겪는 희년 대성회의 의미를 크게 샀나 보다. 조용기 목사님을 뵙고 직접 말씀을 들으니, 오랜만에 친정집에 다니러 온 기분이 들었고 기쁜 날이었다. 탕감을 받고 싶은 기도 제목을 헌금 봉투에 써서 드리며, 이미 탕감해 주신 것을 믿으며 감사드렸다.

신학생이 된 막내아들

2004년도에 접어들면서 성웅이가 기특하게도 다니엘 기도에 참석하려고 애를 썼다. 여의도 순복음교회에는 친구들이 많은데, 김포 순복음교회로 오면 아는 친구가 없다 보니 마지못해 왔었다. 그런데 이제는 별수 없다고 생각했는지 한 발 한 발 교회 안으로 들어와 다니엘 기도회에 끝까지 잘 참석해 주었다. 강원도 청소년 수련회에도 다녀왔다. 성경 읽기를 시작하는 모습을 보며 하나님께 감사드렸다. 2003년에 큰며느리를 만나주신 하나님께서, 2004년에는 막내 성웅이를 붙잡아 주고 계셨다.

고등학교 내내 힙합에 매료되어서 공부를 소홀히 하는 것 같아 늘 걱정했었다. 도내 힙합 경연대회에 나가면 등수 안에 드니까 재미로 계속하는 것 같았다. 성웅이는 고등학교를 졸업하자마자 육군에 지원해 2003년 9월 25일에 제대했다. 청년부에 속해 있으면서 불평불만이 많았었는데 날이 갈수록 변해갔다. 저녁이면 궁금한 것을 내게 물었다. 어떤 날은 새벽까지 애기할 때도 많았다.

그런데 우리 교회에 GVP팀이 있어서 성웅이의 재능이 꼭 필요했다. 2004년 1월 30일은 철야 예배에서 처음으로 앞에 나와 찬양 인도 팀에 합류했다. 하나님께서 아들을 그런 방법으로 쓰실지 정말 몰랐다. 여호와 이레! 준비하시는 하나님께 또 한 번 감격했다. 본인은 군대까지 갔다 왔는데 창피하게 어떻게 하느냐고 나 몰라라 했지만, 어느 날 전도사님 설득으로 왜 본인이 필요한가를 이해한 후 GVP에 합류했다. 행사라기보다 예배라고 생각하고 출석했다.

GVP팀은 여성회관을 빌려서 연습한다. 주로 학생들이 참석해 예수님을 만나는 통로가 되기를 기도한다. 찬양과 연극, 힙합이 어우러지는 분위기가 이어지고, 넌지시 주님이 소개된다. 담임 목사님은 여의도 순복음교회에 계실 때도 청소년 사역에 큰 비전을 갖고 계시던 분이셨다. 그곳 대성전에서 수요일 저녁이면 찬양 예배를 성대히 드렸던 기억이 있다. 사모님이 청년부를 맡고 계셔서 멘토가 되어 주셨다. 생각만 해도 든든했다. GVP에서도 꼭 필요한 사람이 되고, 재능 있는 학생들을 믿음 안에서 힙합을 가르치고 간사로서 영성 있는 일꾼이 되어 주길 바랐다.

하루는 학생 수가 많아진 것을 기뻐하며 보고서를 작성하고 있었다. 본인이 기쁨으로 임하고 있으니 감사할 일이었다. 새벽까지 학생들에게서 문자 오는 소리도 요란했다. 형처럼, 오빠처럼 따르는 것 같았다. 그들을 중보하며 영혼을 사랑하는 목회자가 되길 기도했다.

이제는 나보다 많은 부분이 지혜로워지고 깊은 영성을 갖게 되어서 아들을 다시 볼 때가 많다. 남편의 핍박 가운데 무슨 일이 있어도 세 아이를 수련회에 참석하게 했던 날들이 기억난다. 친정에 보낸 것처럼 위장하기도 했었다. 아들은 2006년도에 신학대학에 입학했고, 졸업 후 김포 순복음교회에서 전도사로 사역했다. 많은 도움의 손길로 베풀어 주신 분들께 감사드린다.

2004년 2월 18일이었다. 허리와 무릎 등이 쑤시고 아팠다. 잦은 오토바이 사고도 있었겠지만 나이 때문도 있었을 것이다. 그날 새벽 성웅이와 아버지가 대신 배달을 나갔다. 보급소를 한다고 반대하던 남편이 이제는 도와주기까지 했다. 말로는 운동 삼아 한다지만 어차피 말려도 내가 할 것을 알기에 안쓰러운 마음에 도와주는 것 같았다. 많이도 변한 남편에게 정말 고마웠다.

예수님을 믿지 않았다면 나는 남편과 살지 않았을 것이다. 단점을 들춘다면 수도 없겠지만, 예수님 안에서 아내가 가져야 할 마땅한 마음을 버리지 않고 품었다. 남편은 그 가정의 머리라는 것, 그래서 존중해야 한다는 일념이 있었다.

아이들은 재정적으로 힘들 때마다 할아버지 재산을 들먹였다. 재산을 날린 부모가 원망스러웠겠지만 아버지에겐 감히 말을 못 하고 내 앞에서만 불평을 했다. 그들에게 이해하라는 내 마음을 알렸다. 성경에서 못난 부모에게 함부로 해도 된다는 구절이 있으면 마음대로 해도 되지만, 너희들은 예수님을 믿고 살지 않느냐며 사랑과 이해의 마음을 가져야 한다고 권면했다.

2003년 송구영신 예배 때였다. 그들의 마음을 대변하듯이 큰아들이 다음과 같은 말씀을 뽑았다.

'네 부모를 공경하라'

아들의 말씀을 보고 주변 사람들이 모두 웃은 적이 있었다. 그 후로 큰아들은 말 한마디도 조심한다. 적어도 부모에 대한 마음을 돌이켜야 한다는 하나님의 정확한 메시지를 직접 받은 셈이다. 예수님이 우리 가정에 좌정하신 후에 좋은 일만 생긴다. 그렇지 않더라도 그것은 하나님만이 아시는 프로그램이 있기 때문일 것이다.

막내의 하나님

"침이 조금 모자라는데."

사모님이 내 왼손바닥에 넓적하게 생긴 침을 놓는 꿈을 꾸었다. 지난번에는 오른손에서 지렁이가 나가더니, 이번에는 왼손이 고쳐지나 보다. 내 양손을 깨끗이 하셔서 글을 쓰게 하시려나 보다. 그러나 그렇게 기대하는 마음이 들었다가도 침이 모자란다면 또 아직 때가 아니란 건가 싶었다.

성웅이를 순복음 신학원에 들어가도록 목사님과 사모님이 추천하셨다. 변한 성웅이를 보니, 이제는 목회자의 길로 가기에 합당하다고 생각하셨나 보다. 기도의 용사로 성령도 받고 하나님의 부르심을 피부로 느끼고 있었다. 남편이 흔쾌히 승낙한 것도 기적이다. 《새들백 교회의 청소년 사역 이야기》에서 읽은 것이 내게 많은 이해를 하게 했다. 성웅이가 하는 사역을 이해하고 기도하니 빨리 성장하게 하는 데 도움이 될 것 같았다.

성품도 많이 달라져 감을 느꼈다. 십계명을 묵상하면서 깨달은 것이 있다고 했다. 4계명까지는 하나님과의 관계에서 지켜야 할 일이지만, 5계명부터는 사람들과 지켜야 할 계명이다. 첫째인 5계명이 '네 부모를 공경하라'라는 것임을 보고, 가장 하나님께서 중요하게 생각하시기 때문에 제일 처음에 두셨을 것이란 마음이 들었다고 했다. 그 후로 아버지를 대하는 태도가 특별해졌다. 지금도 아버지를 사랑하는 마음으로 공경하고 있다.

성웅이가 학교에 다닌 지 한 달쯤 되었을 때다. 묵상 후 선잠이 들었는데, 조용기 목사님, 김성혜 사모님과 어딘가로 가고 있었다. 예수님을 믿게 된 게 목사님의 《주여 뜻대로 이루소서》때문이었다며 이런저런 얘기를 하고 있었다. 그때 어린애가 응가를 싸서 치우려니까 김성혜 사모님이 치워 주시는 것이었다. 그 어린애가 성웅이라는 느낌을 받으며 잠이 깼다.

성웅이가 정식으로 신학 공부를 시작했고, 영적으로 성장해 나가는 동안 뒤치다꺼리는 하나님이 책임지고 해주실 거란 메시지가 감지되었다. 학자의 혀와 귀를 깨우쳐 열어주시기를 기도하며 그가 하나님께 합한 자가 되어주길 바랐다. 영혼을 사랑하는 온유한 목회자가 되고, 나는 하나님의 음성에 순종하며 사는 종이 되기를 끊임없이 기도해야겠다고 생각했다. 그것이 내가 마땅히 지고 가야 할 거룩한 사명임을 깨달았던 것이다.

목사 아들, 성도 남편

4살 막내아들이 나와 함께 여의도 순복음교회에 가서 예배할 때 일어나 결신을 했다. 1986년 4월 6일은 우리 집에 예수님이 찾아오신 축복의 날이다. 어릴 때 유난히 184장을 즐겨 불렀던 생각이 난다.

"나의 죄를 씻기는 예수의 피 밖에 없네."

그런 막내아들이 주의 종이라는 사명을 받았다. 십 년 넘게 사역을 하게 하셨고, 2017년 6월에 목사로 안수해 주셨다. 하나님의 전폭적인 계획 속에서 개척교회의 문을 열게 하심에 순종하고, 2018년 2월 11일부터 가정예배를 드리기 시작했다. 4개월 후 예비하신 교회를 꿈으로 보여주셨고, 6월 2일 창립 예배를 드렸다.

'놀라운 교회'라는 교회명을 주신 주께선 성도들의 믿음과 은혜의 마음을 통해서 교회의 모든 필요를 채워 나가셨다. 그로써 많은 깨달음을 체험했다. 우리의 생각과 하나님의 일하심은 다르다는 생각이 임하기도 했다.

2019년 여름에는 어린아이들과 함께 검단사거리에서 요구르트 전도를 했다. 겨울에는 교회 앞에서 군고구마 전도를 했다. 전도지를 들고 아파트 동 타기, 땅 밟기 등 전도에 온 힘을 쏟았다. 모든 예배마다 성령님이 함께 하시는 예배임을 충분히 알도록 기도했고, 선포되는 말씀마다 은혜로 임하니 어미의 마음은 기쁨과 소망이 넘쳤다.

우리 주 예수그리스도의 하나님, 영광의 아버지께서 지혜와 계시의 정신을 너희에게 주사 하나님을 알게 하시고 너희 마음눈을 밝히사 그의 부르심의 소망이 무엇이며 성도 안에서 그 기업의 영광의 풍성이 무엇이며 그의 힘의 강력으로 역사하심을 따라 믿는 우리에게 베푸신 능력의 지극히 크심이 어떠한 것을 너희로 알게 하시기를 구하노라 (에베소서 1장 17~19장)

아들이 개척을 앞두고 있을 즈음 교회 출석을 하게 된 남편은,

2018년 2월 18일부터 지금까지 한 번도 빠지지 않고 있다. 예배 중 성경 구독의 권면을 들은 후에는 집중해서 신약 3독을 했다. 그러다 구약 안에 말도 안 되는 게 너무 많다며 덮어 두고 당분간 안 읽는 것 같았다. 이해하려고 하지 말고 그냥 믿으라고 권면하며, 믿음의 은사를 주십사 은밀히 기도했다. 요즘엔 구약도 2독 하는 것을 보며 감사할 뿐이다. 이제는 제사도 폐하고 추모 예배로 대신하고 있다. 이날이 있기까지 남편에게 33년의 세월이 필요했음을 보면서 기도는 응답하실 때까지 함이 옳다는 진리를 깨달았다.

개척을 통해 하나님이 이루어 가시는 기사와 이적을 여기에 다 적기는 불가능할 듯싶다. 앞으로 남은 여생을 교회의 한 지체로, 중보자로, 국민일보를 향한 사랑을 품고 내 할 일에 매진하고 싶다.

그동안 큰 교회에만 다녔던 터라, 많은 성도 속에 적당히 섞여 한 영혼의 소중함과 멀어져 있던 것이 사실이다, 지난번에 쓴 《오토바이 타는 여자》 이후 10년의 세월을 새로 쓰려니 영적 무장 없이는 어림도 없다는 각성이 되었다. 별일도 아닌 것으로 남편과 다투거나 늘 타던 버스 노선을 확인하지 않아 밤길을 수 시간 헤매는 어려움도 겪었다. 불 관리를 잘못해서 타인의 재산에 큰 해를 입힐 뻔도 했다. 삼일 연속으로 일어나는 일을 겪으며 영적인 전쟁임을 깨달았다. 나의 안일한 태도를 회개하며 처음 책을 쓸 때 다졌던 초심의 자세로 다시 임했다,

당장 아침 금식에 이어 저녁 금식에 들어갔다. 이로써 전화위복이 되고 아무 일 없이 행복한 가운데 이 글을 써 나가고 있다. 아들이 느리다면서 준 노트북을 더듬거리며 배웠다. 더딘 속도로 나마 글을 채워 나가는 내가 대견하다.

거울을 가까이 들여다보며 내가 얼마나 늙었는가를 즐기듯 보고 있다.

'그럼! 나이가 들어 이렇게 늙어가는 것도 괜찮지 뭐. 난 친정엄마를 닮아서 머리카락도 이렇게 희잖아. 80이 되면 그땐 백발인 채로 둬야지.'

잔주름도 가로로, 세로로 열심히 지나가고 있다. 잔주름 끝자락엔 실처럼 인생이 묻어 있다. 그래도 이런 내가 참 좋다. 얼마나 멋진 삶이었던가를 인정할 수 있는 것은 주님이 주시는 평안으로 인해 영원한 주의 나라 천국에 소망이 있기 때문이리라.

'사랑의 뜨락' 요양원

국민일보 보급소의 사명을 마친 나는 이제 '사랑의 뜨락'이라는 요양원으로 출근한다. 매일 저녁 기도회를 가졌다. 그 날은 예레미야 애가를 읽는 순서였다. 마음 한쪽엔 내일 요양원에 출근할까 말까를 결정해야 하는 부담으로 복잡했다. 그곳에서 일할 자신이 없어서다. 말씀을 한 줄 한 줄 읽어 가는데 생각지도 않은 감동이 마음을 흔들었다.

언젠가 온 식구가 갈 곳이 없어 주를 향해 기도하던 그 새벽, 날 일으키사 읽게 하셨던 그 예레미야 애가였다. 그때와 똑같은 현상이 일어난 것이다. 예레미야 선지자의 슬픔에 내 슬픔이 얹어져 참아보려 해도 참아지지 않았다. 하염없이 쏟아지는 눈물로 범벅이 되었다. 앞에서 기도회를 인도하던 조 목사님이 내 현상을 눈치 채고 있는 것을 알겠는데, 마지막 장을 다 읽도록 멈추어지지 않았다. 그때 오랜만에 다정한 음성이 들렸다.

"내가 너와 함께 그곳에 간다."

내가 내 뜻대로 그 길을 결정한 것이 아니었음을 비로소 알게 되었다. 새로운 길에 세우신 주님과 동행하며 주시는 평안함이, 무조건 가도록 결정하게 하셨다. 그럼에도 '내가 잘 할 수 있을까' 살짝 염려됐다.

사흘 전에 갔을 때 휠체어에 앉아 텔레비전을 보고 계시던 우울한 회색의 어르신들, 인생의 석양빛에 온통 물든 채 기능 잃은 뇌가 시키는 대로 그냥 그렇게 기다리고 기다리시던 그분들을 향해 내가 가는 거다. 주님이 함께 가신다는 그 말씀에 힘을 얻고 나니 한결 안심이 되었다.

다음 날, '사랑의 뜨락' 요양원에 도착했다. 좀 넓은 가정집처럼 친밀한 마음이 들었다. 벽에는 요한3서 2절 말씀이 걸려 있었다.

사랑하는 자여 네 영혼이 잘 됨같이 네가 범사에 잘 되고 강건하기를 내가 간구하노라 (요한삼서 1장 2절)

워크넷을 통해 소개받고 간 곳이어서 이곳에 대해 아는 것이 없었다. 식당 쪽으로 가는 복도에서 20년 전 여의도 순복음교회에서 같은 교구였던 나 권사님과 마주쳤다. 얼굴만 기억하고 이름은 서로가 잊고 있던 우리의 만남이, 혹시 이곳이 이단이 운영하는 기관은 아닐까 싶었던 의구심을 완전히 없애 주었다.

원장님은 요양원 옆 식당과 함께 쓰고 있는 교회의 목사님이시기도 했다. 여성으로서 하나님이 주신 사명을 받들고 계신 분이었다. 요양보호사 선생님들도 거의 기독교 신자들이었다. 어떻게 날 꼭 집어서 30분을 차로 달려와야 하는 이 산골까지 오게 하신 걸까. 모든 것이 나를 향한 주님의 계획임을 알기에 할 말이 없었다.

박 원장님은 나와 대화 중에 전날 밤 꾼 꿈 이야기를 하셨다. 꿈에선 꽃이 핀 뜨락이 풀장이었다고 했다. 나 같은 옷차림을 한 여성이 그러더란다.

"여기 이렇게 깨끗한 풀장이 있는데, 다른 데로 가면 뭐 해요?"

그래서 있기로 했다는 것이다. 꿈속에 등장한 사람이 나 같다는 말씀과 함께 반가워하셨다. 나는 그렇게 걱정 근심으로 주저했던 생각을 내려놓고, 늘 예수님이 함께 계심을 곳곳에서 느껴 가며 '사랑'이란 학교에 입학했다, 요양원 이름까지 마음에 쏙 들었다.

'대소변을 어떻게 치울 수 있을까. 사랑의 마음도 부족한데.'

그랬는데 내게 놀라운 변화가 일어났다. 어르신들의 대소변이 더럽다는 생각은 들지 않고, 그저 안타까운 마음만 들었다. 예전 같으면 피해 갔을 내가 그분들과 어울리며 즐거워하고 있다. 내가 순종했을 때 예수님께서 심장 가득 사랑의 씨앗을 쏟아부어 주셨나 보다. 육체적으로는 솔직히 힘들고 버거웠다. 퇴근길에 자주 깜박깜박 졸면서 운전했다. 그래서 안 먹던 비타민도 챙겨 먹었다. 그런데 염려하던 일이 결국은 터지고 말았다.

2019년 9월 24일 퇴근길. 깜빡 잠결인가 싶은 상황에 저질러진 일들은 꿈을 꾸는 것 같았다. 장기지하차도 입구 충격 흡수대를 들이받은 내 차는 왼쪽 범퍼는 물론 엔진까지 망가진 채 연기가 나고 있었다. 경찰차와 119차량이 오고, 저 뒤로는 수십 대의 차들이 길이 막혀 서 있었다. 운전석과 조수석 에어백도 터져서 너덜너덜 매달려 있고, 왼쪽 문이 열리지 않자 젊은 남자 서너 분이 가까스로 문을 열어 나를 꺼내 주셨다. 내 뒤에 바짝 따라오던 중년 여인은 내 안위를 걱정해 차에서 내려 울먹이며 날 다독였다.

이런 현장 속에서도 이분들의 성숙한 인격과 따뜻한 마음이 존경스러웠다. 아직도 뭐가 뭔지 모를 정신인데, 어느 화재보험 사냐고 물었다. 기억이 나지 않았다. 그곳에 계신 누군가가 다 찾아서 해결해 주셨고, 난 119차량을 타고 병원으로 향했다. 결국 차는 폐차장으로 보내졌고, 난 더 성능이 좋은 차를 갖게 되었다. 그때도 넋이 빠져 생각한 건 '아, 이렇게 아무 준비도 없이 갈 수도 있겠구나!'였다.

검진 결과, 기적같이 뼈엔 아무 이상이 없고 생명줄이었던 안전벨트 자국만 Z자로 가슴에 새겨져 있었다. 이 정도에서 생명을 다시 연장시켜 주신 그분은, 분명 내가 반드시 해야 할 프로그램이 남아 있노라고 찾아오실 것 같다.

그렇게 주저했던 이곳 요양원에서의 요양보호사 생활이 2020년 새해를 맞으면서 10개월이 되었다. 좀 더 젊었더라면 기운차게 지금보다 잘 했을 텐데 하는 아쉬움이 있다. 원장님이나 선생님들이 어르신들을 사랑과 정성으로 성심껏 섬기는 것을 보며 날 이곳으로 보내주신 주님의 계획에 한 치의 오차도 없음을 깨달았다.

매일 새벽 5시면 어르신들을 휠체어에 태우고 식당 안에 있는 교회에 모시고 간다. 건강하던 젊은 날 달려가셨던 주님의 전으로 단잠을 깨고 가시는 귀찮음에도 불구하고 싫다는 분이 한 분도 안 계신다. 앞서거니 뒤서거니 하며 언젠가는 주님의 전에 참여하실 그곳 어르신들은 분명 최고의 복을 받은 분들이다. 나도 그 길을 어김없이 갈 테니, 날 보듯 그분들을 잘 섬겨야겠다.

전 장로님의 헌신적인 새벽기도 인도하심 또한 귀감이 된다. 어느 주일 예배에서 원장님이 말씀하셨다,

"선생님들은 이곳에서 하늘나라 상급을 쌓고 계신 겁니다."

내 친정어머니를 닮으셨던 진 어르신과 손톱을 깎아 드리다 실수로 피를 내서 죄송했던 어르신도 천국에 가셨다. 육신은 피폐해도 너무나 도도했던 어르신께 긍휼한 마음을 갖고 기도해 드렸지만 그분도 지금은 안 계신다. 나와 함께 주님이 이곳에 오셨다면 다 보고 계실 것이다. 그 때문에 잘하겠다는 건 아니지만, 진심을 가지고 대해드리고 있는 스스로를 보며 내 인생에 새로운 경지를 만들어 가고 있다는 생각이다.

하나님께서 날 이곳에 서게 하셨다면, 가야 할 날 또한 암묵적으로 알게 하시리라. 언제인지 모르나, 그 날 사랑의 수료증을 가슴에 듬뿍 안을 수 있도록 모두를 사랑하리라. 지금도 고맙게 여기는 것은 원장님과 선생님들이 내게 조용한 시간을 갖도록 배려해 주셔서 이 글을 쓰게 되었음이다. 실장님도 감사하지만, 친구인 나 권사님께 많은 도움을 받았다. 이곳에 맘 놓고 정착할 빌미도 주었고, 힘들 때 이모저모 힘이 되었던 기억은 잊지 못할 것이다.

어떤 가정

다 싫어
바라보던 저기
롯이 택한 곳에 닿아본다

가져보지 못했던 풍요는
스멀스멀
겹겹이 조직해
하루하루를 먹어 버린다

살수록
아이가 되다가
난쟁이가 되어버린 둘이

서로를 밀어낸 채 가시가 돋고
찔러대는 아픔에도 들이미는 세월로
세 아이의 울타리가 되었다

울타리를 갉아 파고든 가슴엔
서로를 찌르던
바늘 끝도 무디어져
십자가에 가두신 의미를 캔다

돌아서 붙잡은 두 손 가득
젖어버린 눈물은 보석이 되고
임재하신 그분의 역사가 되어

오래전 씨 뿌려 거두신 열매 속에서
너흰, 그래 그래라

3장

신문에 빠진 여자

그분은 그렇다

생명이 맘 가득
사랑으로 넘실대면
감전된 영혼은 불이 되어간다

무릎으로 다가간
통로에서
빛으로 깨뜨리신 보혈의 신을 신고

아직도 서러운
나의 길에서
들추어진 상처로 아파하라며

돌아선 먼 길가
멋쩍어 서성이는 할퀴어진 맨발에
사랑으로 꿰맨 신을 신기신다

바늘도
실도 없이
그분은 그렇다

사명 5주년

풍무리 주유소에서 오토바이에 주유하러 들어가다가 넘어졌다. 몸이 위로 솟아올랐다가 오른쪽 광대뼈를 땅에 박으며 곤두박질쳤다. 얼굴이 금방 엉망이 되었다. 주유소는 공사 중이었는데, 얼핏 보아선 잘 알 수가 없었다. 땅에서 떼낸 철근이 들떠 있다가 앞바퀴가 지날 때 용수철처럼 튀어오르는 바람에 무방비 상태에서 당한 것이었다.

아픔을 참고 가까스로 배달을 마치니 걱정이 밀려왔다. 아픈 것은 얼마든지 참을 만했다. 다친 얼굴을 해서 집에 들어갈 걱정이 태산이었다. 일단 서울 정형외과에 치료차 갔더니 얼음찜질을 하게 했다. 왼쪽은 말짱한데 오른쪽은 가관이었다. 광대뼈 위에 자두만 한 혹이 생겼다. 이번에도 뼈에는 아무 이상이 없었다. 남편이 이런 나를 보고 나무라면 이제 일을 그만둘 거라고 말해야겠다고 생각하며 비장한 각오로 집에 들어갔다. 널어놓은 고추가 해 넘어가는 마당 귀퉁이에서 을씨년스럽게 내 손길을 기다리고 있었다. 아니나 다를까. 내 모습을 보자마자, 예상했던 대로 남편이 한소리 했다.

"꼴 좋다. 그러게 누가 하랬냐?"

"알았어요. 나도 이젠 그만할 거니까 걱정하지 말아요."

나는 마치 용사처럼 의기양양하게 소리쳤다. 이제는 지쳤다는 듯이 후련하게 포기를 선포했다. 나는 정말 그만두고 싶었다. 힘들 때마다 하던 생각이 있었다.

'하나님은 언제까지 내가 이 일을 하길 원하실까. 다리가 부러질 때까지? 큰 사고가 나면?'

얼마나 어리석고 방정맞으며 믿음에서 떠난 생각인가. 부끄럽지만, 그땐 정말 힘에 부쳤다. 5년 가까이 했으면 하나님도 그동안 수고했다는 걸 알아주고, 내 얼굴이 이 지경이면 당연히 이해해 줄 것이라 계산을 하고 있었다. 중앙일보를 돌리던 총각에게 모든 배달과 권한의 절반을 위임했다. 그나마 맡아주겠다고 하니 천만다행이었다.

그런데 보름 정도 하더니 못하겠다고 했다. 얼굴이 많이 가라앉았지만, 오른쪽 광대뼈 위에는 여전히 자두만 한 피멍이 매달려 있었다. 보는 사람마다 그 상처가 가라앉으려면 일 년은 걸릴 것이라고 했다. 난 내 얼굴을 들여다보면서 이 얼굴로는 할 수 없음을 알고, 그 총각의 마음을 돌리려고 애썼다.

하지만 나는 이날의 결정에 대해 오래도록 후회했다. 그냥 다시 했어야 했다. 그것이 하나님이 원하시는 일이었다. 얼굴의 피멍을 치료할 수 있다는 말을 듣고, 주사기로 사흘 동안 피를 뽑아냈다. 꾸럭꾸럭 소리가 나면서 납작하게 상처가 가라앉았다.

국민일보 보급소를 내려놓고 손을 뗐으니 개운한 마음이 들어야 하는데, 전혀 그러질 않았다. 오히려 국민일보를 향한 애틋함 때문에, '사랑스러운 딸을 시집보낸 섭섭함이 이런 기분일까?' 하는 생각이 들었다. 그런데도 국민일보에서는 1993년 12월 10일 창간 5주년 기념으로 내게 위로의 상장을 줬다.

"위 사람은 신문 보급 최일선에서 투철한 사명감을 가지고 사세 신장을 위해 헌신적인 노력을 했기에 창간 5주년을 맞아 이 상장을 드립니다."

내 손으로 배달도 하지 않고 명목상으로만 받은 상이라 송구스러웠다. 어찌 되었든 국민일보 지국을 하면서 겪은 힘들었던 일에 대한 보상을 해 주시는 것 같았다. 종이 한 장에 불과하지만 내게 힘을 불어 넣어주시는 하나님의 편지처럼 여겨져 읽고 또 읽었다.

은혜 아니면

614만 원을 주고 프라이드를 샀다. 1992년 8월 24일 자동차 면허증을 땄으니 신나게 운전할 생각만 해도 붕 뜬 기분이었다. 남편의 사업이 순조롭게 자리를 잡아가는 덕에 자동차도 현금으로 살 수 있었다. 빚도 다 갚고 어느 정도 여유가 생겼다.

작은집 식구 4명과 우리집 식구가 1994년에 1월 2일부터 5일까지 3박4일 동안 제주도 여행을 다녀왔다. 또 7월 29일부터 8월 7일까지 9박 10일 동안 600만 원을 들여 친구들 부부와 중국 여행도 다녀왔다. 물론 누가 봐도 평범한 가정들이 흔히 다녀올 수 있는 여행이었다. 그러나 겨우 빚에서 벗어난 우리집의 모양새는 하나님 보시기에 좋지 않았음을 나중에야 깨달았다.

마땅히 해야 할 일은 뒷전으로 밀어놓은 채 국민일보 운영 기한을 내 맘대로 정해놓고, 육신의 즐거움을 위해 시간과 돈을 탕진하고 있는 내 습이었다. 그해에 남편이 운전하다 교통사고를 냈고, 피해자 측에 3천만 원의 합의금이 들어갔다. 12월 27일 한

밤중에는 큰아들이 프라이드를 타고 가다 사람을 치어서 5백만 원이 들어갔다. 한 해 동안 이런 엄청난 사건들이 연이어 일어나는 것을 보면서 뭔가 잘못 되어가고 있다는 걸 절감했다.

내가 국민일보 지국을 목숨처럼 여기며 순종했을 때, 남편의 사업을 형통케 해서 재정을 공급해 주셨다는 것을 알았다. 그럼에도 나는 사람에게 그 공을 돌리고 있었다. 깨닫고 돌이켜야 함에도 거짓 메시지에 속아 일 년 내내 겨우 회복한 축복을 박차고 하나님 품에서 한 발짝씩 도망치고 있었다.

또다시 재정적 어려움이 스멀스멀 기어들어 와 예전의 고통이 재현되고 있었다. 그나마 하나님의 손길과 계획하심을 깨닫는 것이 감사할 뿐이었다. 방향을 돌릴 수 있는 키를 내 손에 주셨다. 하나님을 향해 나는 있는 힘을 다해 기도하고 금식하고 행동하며 서서히 방향을 돌려 나갔다. 어떻게 하면 하나님께서 기뻐하시고, 나를 회복시켜 주실까 고심했다.

김포 시내의 논과 들판에 흙이 평지처럼 메워지고 아파트들이 들어섰다. 전도를 열심히 해야겠다는 생각으로 마음을 다잡았다. 몇몇 지역장들과 함께 자비로 볼펜을 제작했다. 교회 전화번호와 이름을 새겼다. 내 딴에는 열심히 동 타기를 하며 전도했기에 많은 열매를 기대했다. 어느 집에 방문해서 문을 두드리자 남자분이 문을 열어주었는데, 매몰차게 철문을 닫는 바람에 손가락을 다쳤던 기억이 잊히지 않는다.

하나님이 독생자 예수 그리스도의 몸을 찢고 피 흘려 죽게 하셔서 나를 구원하셨으므로, 그 은혜를 생각해서라도 마땅히 해야 하는 게 전도였다. 그런데 난 하나님께 점수를 따려고 치사하게 차선책을 택한 것밖에 안 된 상황이었다. 그러고는 나를 돌아봐 주시길 애타게 목을 빼고 기다리고 있었다. 전도야말로 생명의 면류관이 예비된 가장 귀한 우리의 사명이다. 하지만 적어도 그때 내가 잊지 말고 해야 할 일은, 하나님께서 지시하신 곳에서 지시하신 일을 위해 있는 힘을 다해 순종하는 것이었다.

집안 형편은 기대와 달리 더욱 나빠졌다. 남편이 지어준 집에서는 공사비가 나오지 않아서 힘들었고, 하성지역에 지어준 공장에서 받아둔 어음은 부도가 나는 바람에 빚이 크게 늘어났다. 상황이 더 나빠지는 것을 보면서 내 모습을 영적인 측면에서 점검하게 되었다. 순종하기 위해 어떻게 하면 좋을까 생각하며 기도에 들어갔다. 그러자 하성지역을 개척해 보자는 생각을 주셨다. 시골 중에서도 시골 한강 너머 북한 땅이 가까이 보이는 하성지역에 국민일보 잔지를 갖고 1994년 3월 9일부터 새로이 신문 보급을 시작했다.

"하나님 아버지, 하성지역에 처음 들어갑니다. 저는 이 지역을 하나도 모르고 있습니다. 내가 하고자 하는 국민일보를 보급할 수 있도록 성령님과 동행하기를 원합니다. 도와주시옵소서."

무조건 프라이드를 끌고 개척자의 마음으로 움직였다. 첫날 한참을 달리다 맨 처음 눈에 띈 교회가 있었는데, 하성 순복음교회였다. 한동안 우편으로 신문을 받아보던 교회였다. 알고 보니 여의도 순복음교회에 다니던 시누님의 교회이기도 했다. 목사님께 자초지종을 설명하고 대화를 나누며 도움을 청했다. 관내에 있는 교회들의 약도를 그려주시면서 교회별 특성을 알려주셨다. 교인 수, 교단 형편까지 아시는 대로 가르쳐 주셨다. 하나님께서 그 교회로 제일 먼저 인도해 주신 것에는 다 이유가 있었다.

일단 교회마다 찾아다니며 국민일보가 보급되길 원한다고 말씀드리고, 무조건 다섯 부씩 매일 갖다 드렸다. 중간 중간에 군부대 초소가 세 군데가 있었는데, 그곳에도 그냥 보시라고 5부씩 드렸다. 16절지 전단 2천 부를 만들어서, 주일에 교회 문 앞에서 설명해 드리며 알렸다.

그때만 해도 국민일보에 대해 생소하게 여기는 분들이 많았다. 전단지를 버리거나 거절하시는 분들 때문에 마음이 아팠지만, 예상했던 일이기에 씩씩하게 소신껏 나아갔다. 6개월이 되어도 20부 이상은 구독하는 곳이 늘지 않았다. 멀리 떨어져 있는 곳이다 보니 자동차 기름값 대기가 힘들었다. 하루에 7천 원 정도가 들었는데 어떻게 버텼는지 지금 생각해도 신기하다. 어디든 달려갈 수 있게 기름을 채워 달라고 기도할 수밖에 없었고, 하나님께선 하루도 빠지지 않고 다녀올 수 있게 예비해 주셨다. 연료비를 아끼기 위해 한여름의 찌는 더위에도 에어컨을 켜지 않았다. 비포장도로를 덜커덩거리며 아주 느리게 주행하다 보면 열어놓은 창문으로 흙먼지와 후끈한 열기가 밀고 들어왔다.

그래도 오고가며 조용기 목사님 말씀 테이프를 듣는 즐거움이 있었다. 로마서 강해 테이프였는데, 몇 장이었는지 기억이 나지는 않는다. '하나님의 일은 계산하지 않는 것이다'라는 내용이었다. 어쩌면 내 마음에 그리도 쏙 들어오는 말씀인지 눈물이 쏟아졌다. 내가 지금 잘하고 있다 싶었다. 정말 아무 계산도 하지 않고 하성지역에도 국민일보가 보급되길 바라는 마음뿐이었다. 하나님 마음에 들고 싶은 계산은 했지만, 물질에는 상관하지 않았다. 보람이 느껴졌고 큰 위로가 되었다.

10개월 동안 확장을 하면서 그 지역에 익숙해 갔지만, 언제까지 할 수는 없었다. 배달하면서 알게 된 중앙일보 지국의 직원분에게 부탁을 드렸다. 손해는 되지 않을 것이니 잘 운영해서 살려

나가 보시라고 부탁하고 20부 가량 되는 신문을 위임했다. 강화까지 발송하는 차량이 중간에 떨어뜨려 주면 되기 때문에 큰 염려가 없었다. 그때 심은 씨앗이 잘 자라 지금까지도 열매를 맺고 있고, 하성지국도 정식으로 생기는 것을 보니 뿌듯했다.

김포 성전 전체가 기도원에 가는 날이었다. 나는 형편이 안 되었지만 너무 가고 싶어서 무리해서라도 다녀오기로 했다. 돌아온 시간이 오후 4시를 넘어 버렸다. 부랴부랴 배달했지만, 드문드문 떨어져 있는 곳을 빠짐없이 다니다 보니 깜깜한 밤이 될 때까지 배달해야 했다. 마음이 바빠 서두르다가 산속에서 차가 빠져버렸다. 진흙탕 속에서 힘들게 빠져나오느라 아주 혼이 났다. 갑자기 내 처지가 너무 서러워 차 속에서 엉엉 울어 버렸다.

몇 부 되지도 않는 것 가지고 그 난리를 치느냐고 할지 모른다. 시골 사정은 열악해서 신문을 볼만한 사람이 거의 없다. 농사를 짓기 위해서, 고향이 좋아서 사시는 노인들밖에 없다. 내게 있어선 단 한 부도 소중하기에 자식 키우는 사람과 같은 정성을 쏟아왔다. 국민일보 보급소만큼은 재정적으로 어렵다는 이유와 물질적 잣대로 운영하지 않았다. 이런 마음으로 나아가는 내 모두를, 적어도 하나님만큼은 다 알고 계시리라 믿었다. 그것으로 나는 충분히 감사했다. 나를 필요로 하시니 순종하는 것은 당연한 것이고, 오히려 내겐 기쁨이었다. 하지만 이렇게까지 애썼어도 재정으로 나아지지는 않았다. 눈앞에 펼쳐진 상황은 그냥 고난 한가운데였다.

결혼하고 보니 시댁에서는 시제라는 걸 지내고 있었다. 이씨 문중의 산이 우리 밭과 붙어 있었기 때문에 자연스럽게 하게 된 것 같았다. 시아버님은 오래전부터 그분들의 산소를 돌보시며 소나무가 유달리 많은 그 산에서 떨어지는 솔잎과 솔가지를 땔감으로 사용하고 계셨다. 수많은 전답을 소유하셨고 남이 부러워할 재산가였지만, 자수성가하신 분이어서인지 새끼줄 한 토막도 함부로 버리지 않으셨다. 건넛방 아궁이에는 군불을 땠는데, 젊은 우리가 화장지를 사용하고 아궁이 앞에 버리면 마르기가 무섭게 주워 화장실에서 재활용하셨다. 그뿐이 아니다. 모내고 남은 어린 모를 잘 말렸다가 화장실에서 사용하시는 것도 보았다. 그러하기에 언제나 많은 저금통장을 갖고 계셨고 직접 관리하셨다.

솔잎은 한 삼태기만 있어도 한 끼 밥을 충분히 할 수 있도록 화력이 좋았다. 알뜰하신 아버님은 뒷동산의 소나무가 너무나 귀하셨을 것이다. 보일러가 없었을 때였고, 그것처럼 훌륭한 땔감은 없었을 테니까 말이다. 그런 생활력 강하신 아버님이 존경스러웠다. 뒷동산을 관리하는 대가로 산자락에 자리 잡고 사는 30여 채의 집에서 도지를 받았는데, 백만 원이 훨씬 넘었다.

사실 남의 가문에서 산을 지키고 받는다는 사실이 창피할 법도 하다. 그러나 나 역시 동산에서 나무하는 것이 재미있었다. 내게도 억척스러운 면이 있어서일까. 솔잎을 갈퀴로 긁어모아 등에 지고, 몇 번만 오르락내리락하면 나무 광이 가득 찼다. 일주일은 너끈히 뗄 수 있는 양이었다. 하지만 이런 재미도 예수님을 믿기 시작하면서 큰 갈등으로 다가왔다. 어떻게 하면 시제를 안 지낼 수 있을까 수없이 기도했다. 그러다가 하나님이 드디어 8년 동안 기도해온 마음의 짐을 내려놓게 해주셨다.

꿈을 꾸었다. 친정의 큰아버님댁 부엌이었다. 왜 큰집 부엌이었는지 잘 모르겠지만 천장 안쪽 가장자리에 영덕대게 같이 생긴 물체들이 다닥다닥 달려 있었다. 새까맣게 생긴 다리가 긴 것들이었는데, 내가 손으로 훑듯이 거두어 떨어뜨린 후 달가닥 소리가 나는 딱딱한 것들을 불에 넣고 모조리 태워버리는 꿈이었다. 그 꿈을 꾼 이후 1994년 11월 13일 마지막 시제를 지냈고, 남편의 동의하에 그 일에서 손을 놓게 되었다.

한 푼이 귀할 때였다. 그럼에도 물질에 대한 욕심을 버리고 단호하게 포기할 수 있었던 것은 내가 수없이 저지른 우상숭배의 죄에서 자유를 누리는 것이 천만금을 얻는 것보다 소중함을 깨달았기 때문이다. 드디어 신앙의 양심 안에서 수없이 결단하지 못하고 미적대던 응어리가 쏟아져 내리는 시원함이 느껴졌다.

네 힘이 필요해

1994년 국민일보 지국장님들이 모여서 예배를 드릴 때의 일이다. 531명의 지국장 중에서 본이 되게 일하신 4명의 성공사례 발표가 있었다. 우리 지국은 직원 없이 배달사원 몇 명과 내가 하다 보니 주기적으로 모이는 기도회에 참석하기가 힘들었다. 그런데 그곳에 모인 분들이 소중하게 여겨져 모처럼 시간을 냈다.

6년 전에 창간했을 때 지국장들은 불신자가 많았다. 그랬는데 이렇게 성령이 충만하니 정말로 뿌듯했다. 처음 창간했을 때를 거슬러 생각해보면, 많은 재정이 들어가는데도 오직 하나님의 음성에 순종하신 조용기 목사님의 결단에 절로 고개가 숙여진다. 반대하는 분들과 부족한 재정 압박을 이겨내신 목사님을 하나님께서 무척 예뻐하셨을 것 같다.

국민일보는 다른 언론사에 비해 상대적으로 영업이익을 계산하지 않는 신문으로 알려져 있다. 일반 기업처럼 이윤추구를 앞

세우는 신문이 아닌 것이다. 자본을 들이고 여기에 복음을 실어서 사랑으로 운영하는 신문이다. 약한 것 같고 광야 같지만, 예수님이 함께하시는 광야임을 알면 두려움을 이겨낼 수 있다. 반드시 창대하게 일어서 나아갈 것을 믿는다. 온 천하에 다니며 만민에게 복음을 전파하라시는 하나님의 지상 명령이, 국민일보에 속한 모든 이들에게 능력으로 발휘되는 한 반드시 승리할 수밖에 없다.

내년부턴 수요일, 토요일에 '미션'란을 대폭 늘려 하나님의 말씀을 더욱 풍성하게 실을 예정이라니 반갑기 그지없다. 목표를 정해놓고 집중적으로 바라보면 놀라운 일들이 이루어질 것이다. 남북통일이 된 후엔 복음화 통일이 이루어지고, 사람이 직접 가서 전하지 못하는 전도의 몫을 국민일보가 너끈히 감당해줄 것으로 기대한다.

국민일보는 다른 신문들보다 사회의 긍정적인 면을 많이 다루는 신문이다. 친절 운동에 앞장서고, 사측의 이익을 위해 비리를 들춰내거나 감추는 따위의 언론장사를 하지 않는다. 무엇보다 어두움을 걷어내고 밝은 곳을 지향해 나가는 신문이 되기 위한 노력이 보인다. 크리스천과 교회의 억울함을 대변해 줄 수 있는 신문으로 쭉 성장해 나가려면, 많은 성도들의 정기 구독이 뒷

받침되어야 한다. 그래야만 기독교 신문으로서 힘이 축적되고 무시할 수 없는 자리에 설 수 있을 것이다.

가상지국 개설

조용기 목사님의 일일 축복 성회가 김포 성전에서 처음 이뤄
진 후 연이어 다니엘 기도가 1997년 3월 7일부터 3월 28일까지
이어졌다. 이때 나는 국민일보 보급을 다른 사람에게 위임하고
손을 놓은 상태였다. 그런데 이상하게도 마음이 가볍지 않고 잔
뜩 구름이 낀 듯했다. 앞으로 내가 어떻게 해야 할 것인가에 대
한 하나님의 의중을 정확히 알고 싶었다. 다니엘 기도가 끝날 즈
음 내게 소망을 갖게 하시는 것이 있었다. 장기동 일대는 거리도
멀고 배달할 수 없는 애매한 지역이라 근처의 지국들이 배달을
포기하고 있었다. 지금이야 그곳에 신도시가 들어섰지만, 24년
전에는 이렇게 발전하게 될 줄 누가 알았겠는가.

그때는 하나님의 음성을 들을 줄도, 말씀을 어떻게 받아야 하
는 줄도 몰랐다. 그때 그 일을 왠지 내가 해야 할 것 같은 생각이
들어서 남는 잔지를 가지고 장기동 쪽을 확장하기로 작정했다.
3월 6일은 아침 금식 10년째 되는 날로, 하나님이 주신 큰 선물

을 받은 일일 축복 성회날이었다. 아침 금식의 시작도 내가 임의로 한 것이 아니라 하나님이 하게 하신 것이었다.

그런데 정작 110만 원이나 되는 오토바이를 마련할 능력조차 없었다. 큰아들에게 카드로 사 달라고 부탁했더니, 기분 좋게 사 주었다. 뒤돌아보면 참 고마운 자식들이다. 함께 재정적 부담을 지고 가야 했지만, 제 어미가 믿음 안에서 하고자 하는 일이라는 걸 알고 거절하지 못한 것이다. 이는 또한 큰아들의 믿음이기도 했다.

1997년 4월 2일, 내 임의로 장기 지국의 문을 열었다. 그즈음을 기억해 보면 생활을 어떻게 꾸려갔었는지 나조차도 궁금하다. 지하에서 살았는데, 그 집에서 미수금을 줄 생각도 안 해 가압류를 한 후에야 받아낼 수 있었다. 그 돈으로 시급한 채무를 일부 갚아 나갔다. 우리 부부는 빚을 완전히 다 갚는 날까지 월세로 살자고 약속했다. 채권자들에게 나름의 예를 갖춘다는 생각에서다.

2001년 5월 1일 장기 지국이 정식으로 개설되었다. 4년 동안 애지중지 키워온 자식 같았다, 내 체력으로 새벽마다 신문을 돌리는 일은 참으로 힘들었다. 어느 틈엔가 기관지 천식을 심하게 앓고 있었다. 공기가 나쁜 지하에 사는 데다 추운 겨울이라 기침이 심하면 누워서 잘 수가 없었다. 새벽 3시면 일어나야 하는데 이불장 문에 기대앉아서 눈을 붙이다가 기침하다가를 반복했다. 나른한 상태라 정말 쉬고 싶었지만, 기계처럼 일어나야 했다.

눈이라도 오는 날에는 아무리 조심해도 서너 번은 넘어졌다. 그래서 떠나기 전부터 겁을 집어먹었다. 여자라 키가 작으니까 오토바이에 앉을 때 땅을 두 발로 동시에 밟을 수가 없었다. 다른 사람에게는 아름다운 추억과 운치를 만들어주는 눈이지만, 이때의 기억 때문에 지금도 나는 눈 쌓인 길이 별로 반갑지 않다. 한 푼이라도 더 벌어 보겠다고 다른 신문과 우유까지 함께 배달하다 보면, 새벽부터 다섯 시간은 족히 걸렸다. 식구들이 가끔 도와준다고 해도 나는 한사코 거절했다. 전사 같은 씩씩한 모습과 마음으로 마치 십자가라도 지는 양 잠잠히 이겨냈다.

2001년 1월 15일, 신문이 석간으로 변경되자, 배달이 한결 수월해졌다. 그러다가 2002년 5월 27일 다시 조간으로 바뀌고, 또 바뀌기를 반복했다. 긍정적으로 생각해보면 제자리를 잡아가는 모습이기도 하다. 누가 이것을 가지고 국민일보에 대한 흠이라도 잡으면 기를 쓰고 감싸고 싶다. 이런 나의 반응은 무조건이다.

눈이 많이 쏟아지던 날 감초당에서 치료를 받은 적이 있다.

2001년 2월 15일, 허리가 너무 아팠다. 서서 다니면 참을만한데, 앉고 일어설 때마다 고통이 심했다. 모든 것을 중지하고 한의원에 입원했다. 창밖에 내리는 눈발을 하염없이 바라보았다. 내가 좋아하는 일인데도 몸이 아프니까 저절로 눈물이 났다.

국민일보 보급소를 운영하면서 하나님을 향한 몇 가지 절대적인 믿음이 있었다. 배달하는 길이 위험해도 절대로 생명에는 지장 없도록 해주실 것이란 믿음과 내 가정과 가족들의 안위를 하나님께선 늘 책임져 주실 것이란 믿음이었다. 물질과 관계된 것들도 내 능력 밖의 것으로 간주하니 신기하게도 안 주실 때는 '주시면 안 될 이유가 있으시겠지!' 하는 것으로 감사가 되었다.

비 오는 날에는 아예 속옷까지 젖으려니 하고 배달을 했다. 난 일찍 잠들지 못하고 자정이 넘어야 잠드는 습관이 있었다. 그러니 항상 두세 시간을 겨우 자고 일어나는 쪽잠에 익숙해져 갔다. 졸음을 참고 배달하다 보면, 어떤 날은 엘리베이터 안에서 나도 모르게 자고 있었다. 졸다가 서면 넣고 그러다 겨우 끝내는 날도 있었다.

김포 순복음교회에 출석하고 처음 맞은 송구영신 예배였다. 시간상, 집으로 가면 늦을 것 같아서 그냥 배달하다가 사고를 당한 적이 있다. 옹주물이란 곳을 지날 때였는데, 오토바이를 타고 가다 졸았던 모양이다. 꽝 소리에 놀라며 넘어졌는데, 길가에 세워놓은 경운기를 받은 것이다. 아무리 피곤해도 오토바이를 타고 가면서 어떻게 졸 수 있냐고 할지 모르지만, 육신의 한계를 넘는 피로는 그것을 가능케 했다. 다행히 속도를 높이며 달리지 않았기에 크게 다치지는 않았고, 오토바이 쇼바만 수리했다.

영혼의 성장통

　김포 순복음교회에 출석한 지 일 년이 다 되어가던 때였다. 2000년 7월 31일부터 8월 3일까지 래리 발라드(Larry Ballard) 목사님을 초빙하여 강화 수양관에서 세미나를 개최한다고 광고가 났다. 한 번도 참석하지 않아 생소했지만, 마음이 설레고 알지 못할 기대감이 생겼다. 국민일보 구독자들에게 사실을 알리고, 배달을 못하는 것에 대해 양해를 구했다. 감사하게도 모두 잘 다녀오라며 협조해 주셨다. 떠나는 날은 새벽에 돌리고 가면 되니까 8월 2일 밤 늦게라도 오면 이틀만 못 돌리는 셈이었다. 배달 못한 신문은 한꺼번에 드렸다.

　도착한 날 저녁 예배를 드리고 나서 소그룹 모임을 가졌다. 언제나 예배 후에는 빙 둘러앉아서 한 사람씩 속의 것을 드러내고 나누었다. 처음 경험하는 광경이었다. 찬양하고 서로를 축복해 주고, 사랑한다고 껴안아 주었다. 이런 모든 것들이 쑥스러워서 제발 안 했으면 좋겠다는 생각도 했다.

교제 후 나눌 때 무슨 말을 했는지 기억이 잘 나지는 않지만, 사모님이 내게 해주신 말씀이 만족스럽지 못했다. 내가 잘 알던 집사님에 대해서는 내가 그를 알고 있는 것 이상으로 추켜세워 주는 분위기로 느껴졌고, 나에게만 인색한 말씀을 하시는 것 같아 마음이 몹시 상했다.

'내가 누군데, 국민일보를 위해 한 일이 얼만데, 뭐 이래! 12년 동안 내가 얼마나 고생했는데 푸대접이란 말인가,'

이 교회에 온 지는 일 년밖에 안 되었지만, 적어도 하나님만큼은 다 아실 텐데 많은 사람 앞에서 망신을 당한 것 같았다. 거기다 사모님께서는 다른 사람과 달리, 내게만 찬송가 한 장으로 응답을 주셨다. 지금은 몇 장인지 기억을 못 하지만, 그땐 그 찬양을 주셨다는 것이 마치, 하나님이 착각하고 계신다고 여길 정도로 마음에 상처가 되었다.

그동안 사모님을 나는 영적 권위자로서 최고의 위치에 두고 존경하고 있었다. 먼저 다니던 교회에서의 갈급함과 여전히 버티고 있는 문제에서 벗어날 수 있는 길을 이 교회에서 기필코 만날 것이란 큰 기대가 있었다. 존경하는 사모님 입에서 나오는 모든 말들이 내겐 하나님 말씀으로 들렸다.

그런데 응답이라고 주신 찬송가 가사는 내가 기대하던 것과

거리가 멀었다. 그래서 충격이 너무나 컸다. 하나님을 향한 섭섭함에 하염없이 울음이 나왔다. 생각할수록 억울했다. 나를 이 정도로밖에 인정해주지 않으신다는 걸 확인한 것 같아 지나온 날들이 무의미하게 느껴졌다. 이상하게 자제가 되지 않았다, 다른 사람에게 피해를 줄까 봐 밖으로 나와 돌아다니면서 울고 또 울었다.

12시가 넘도록 그러고 다니니까 그때까지 교구장들과 회의하시던 사모님이 나를 오라고 하셨다. 그러면서 하시는 말씀이, 이상하게도 하나님이 내게 찬송가 185장을 주신다고 했다.

내 너를 위하여 몸 버려 피 흘려 네 죄를 속하여 살길을 주었다.
너 위해 몸을 주건만 날 무엇 주느냐.
너 위해 몸을 주건만 날 무엇 주느냐.

가사를 보며 하나님이 너무하신다는 생각이 들었다. 모두가 맞는 말씀인데 '날 무엇 주느냐'라는 대목에서 섭섭했다. 마치 네가 나를 위해 한 일이 뭐길래 당연한 것을 가지고 억울해하느냐고, 엄하게 꾸짖으시는 하나님 앞에서 심판받는 기분이었다.

'하나님, 저 국민일보 지국 하다가 여러 번이나 죽을 뻔했잖아요. 오토바이 타고 신문 배달하다 죽을 뻔했고, 남편에게 매 맞는 거 보셨죠? 목 조르는 거 보셨죠? 너무 힘들었던 저를 기억 못 하시나요. 하나님이 시키셔서 죽기 살기로 했는데, 너무 하시네요.'

그러자 아까보다 더 서럽게 눈물이 나왔다. 나를 홀대하고 계신다고 여겨졌다. 하나님께 인정받지도 못할 바에는 국민일보를 더는 하고 싶지 않았다. 사모님은 따뜻한 말로 위로하시며 이해시켜주셨다. 나는 그때까지도 모르고 있었지만, 사모님은 내게서 어떤 현상이 벌어지고 있는지 알고 계셨다.

많은 주의 종이나 사모들이 나와 같은 상황에서 억울해하는 것을 자주 보았다며 기도해 주셨다. 속사람이 치유 받느라고 드러나는 과정에서 교만으로 아파하는 모습이었다. 정말 내가 한 일이 뭐라고, 혼자서 꽤 큰일을 한 양 자가당착에 빠져 있었다. 그걸 깨닫게 되자 내 안에서 힘이 모조리 빠져나간 것처럼 탈진이 되었다. 머리를 뱀처럼 바짝 세우고 다른 사람을 무시하던 나는, 알고 보면 배달이나 하는 주제였다.

그때까지 내 딴에는 힘들어도 인내하며 해왔기 때문에, 순교자와 같은 마음과 희생하고 있다는 생각으로만 가득 차 있었다. 내가 나를 객관적으로 볼 때 그랬다. 가만히 있는데도 통제가 안 될 정도로 계속 눈물이 흘러내렸다. 너무 울어서 두 눈이 붙어버리릴 정도였다. 집에 올 때까지도 퉁퉁 부어 있었다.

그런데 놀랍게도 낡은 옷과 구습을 벗어버린 것처럼, 내 안이 새롭게 정립되어 가는 걸 느꼈다. 다시 초신자와 같은 자세로 임했다. 부끄럽고 겸연쩍기도 했지만, 나는 다시 상큼한 마음이 되었다. 어두운 내면이 빛 가운데 드러나자 똬리를 틀고 있던 내 속의 추한 교만이 속절없이 잘려져 나가는 듯했다. 부유물들이 쏟아져 나간 내 영혼의 자리에 하나님은 예수님의 보혈을 넘치도록 부어주셨다.

마지막 8월 2일 저녁. 래리 발라드 목사님이 한 사람씩 모두 안수해 주시며 하나님이 주시는 말씀을 알려주셨다. 어떤 이는 귀신이 떠나가느라 뒹굴었고, 하나님이 쓰시고자 계획하신 분에게는 종의 사명을 인식시키셨다. 잔뜩 기대하고 있던 내 순서가 되었다.

"하나님께서 당신을 사랑하십니다."

목사님은 이 말씀을 일곱 번이나 천천히 말씀해 주셨다. 그 누구보다도 가장 큰 선물을 받은 나는 부자가 된 마음으로 커져서 돌아왔다.

진리 안에서

해마다 삼 개월씩 '섬김의 학교'라는 성경 공부가 시작되었다. 나는 이 학교에 처음으로 참석했다. 이 학교는 4명으로 시작하여 다음 해는 12명이 되고, 해마다 증가하는 학교로 발전해 갔다.

하나님을 알고 (마 1:21) 관계를 올바로 유지하자

하나님을 배워서 (마 11:29) 신앙의 기초 돌을 단단히 세우자

하나님을 전하고 (요한3서:2) 섬기는 자의 자세를 갖추자

하나님을 전하고 (막 16:15, 행 1:8) 예수 그리스도의 사랑을 나누어 주는 자가 되자.

이름 그대로 하나님을 섬기기 위해 시작한 학교다. 공부한 것을 행하는 삶, 자신의 존재가치를 발견하며 자신을 내려놓고 포기할 줄 알게 하는 공부를 한다. 상대를 온유, 겸손, 존중함으로

섬기기 위해 훈련받는 곳이다. 주님의 다스림을 받아 하나님의 영광을 나타내는 곳이다. 나는 이곳에서 순종하고 성실히 임하여 현재의 고난에서 벗어나리라 결심했다.

남성은 목사님이 가르치셨고, 여성은 사모님이 가르치셨다. 충분한 기도와 자료를 준비하시지만, 그날그날 주시는 성령님의 음성 속에서 인도하심을 받고 임하심에 놀라운 경험을 하곤 했다.

'두 시간 이상씩 기도하자. 묵상 노트를 작성하자.'

이건 내 나름대로 세운 계획이었고, 지금까지도 지키려고 애쓰고 있다. 공부하고 모여서 나누는 중에, 내 속에 웅크리고 있던 문제들이 나오면 치유 받고 자유함을 얻는데, 기본적으로 해야 하는 것이 기도와 묵상이다. 내 안에 교만과 어두운 면, 쓸데없이 커져 있는 것들이 잘려 나가고, 용서하지 못하고 사랑하지 못하는 마음들에는 예수님이 흘리신 사랑의 피를 담는다.

섬김의 학교에서 나는 2001년부터 2009년까지 공부했다. 공부하는 동안에는 반드시 해야 할 것에 순종해야 했다. 정해주신 책을 읽고 독후감을 써야 했다. 그렇게 쓴 글이 20여 권은 족히 되었다. 배운 내용을 내게 적용하고, 깨달은 것을 그림으로 그리거나 사진 등을 오려 붙여서 저널로 표현했다. 지각은 절대 공부하는 사람의 자세가 아니므로 용납되지 않고, 결석이 두 번 이상이면 윗반으로 갈 수 없었다. 묵상을 매일 하되 노트에 꼭 기록해야 했다. 이것은 초급반부터 상급반으로 올라가는 자격이 주어지는 기초 증거가 되었다. 공부가 모두 끝난 후엔 파티가 열리고, 연극이나 장기를 가지고 내용 있는 퍼레이드, 워십, 힙합으로 표현했다. 부부는 아름다운 파티복 드레스를 입고 포크댄스를 추기도 했다.

일주일 동안 국내외로 그룹을 지어 선교여행을 다녀오기도 했다. 2004년에 나를 포함한 22명이 백령도에 다녀왔다. 2007년도엔 강릉에 다녀왔는데, 두 곳이 가진 영성은 완전히 반대였다. 가는 곳의 지형을 미리 보고 기도해서 사전조사를 한 후, 그곳을 장악하고 있는 마귀의 정체를 알아내 영적 도해를 만들었다. 가서 영적 전쟁을 하고 그 땅을 회복시키는 일에 충실히 임했다. 그러면서 많은 체험도 하지만, 팀 안에서의 연합이 가장 중요함을 배우고 사랑하게 되었다.

백령도에 갔을 때다. 사곶교회라는 99년 된 교회에서 거처할 곳을 내어 주었다. 전 세계에서도 나폴리 항과 백령도 바닷가만 단단한 아스팔트처럼 천연 활주로라고 한다. 콩돌 해수욕장의 해변은 모래가 아니고, 콩만 한 돌들이 수십 센티 두께로 100m

이상 덮여 있었다. 사곶교회 전도지를 가지고 집집마다 다녔는데, 85%가 기독교인이란다. 배를 부리면서도 고사를 지내지 않는다고 했다. 섬이지만 어업은 15%만 종사하고 있으며, 그곳에서 생산되는 1년치 쌀농사로 4년은 먹을 만큼 풍요로운 섬이었다,

1816년 암 허스트 백작의 선교 발자취와 1863년 토마스 선교사의 참수에 의한 선교까지, 이곳은 선교사들이 들어오는 통로였다. 그곳과 주변의 섬에서 주의 종이 수백 명 배출되었다고 한다. 지도상으로 볼 때 가장 위쪽으로 우리가 갔고, 나머지 90여 명은 제주도, 울릉도, 전라도, 경상도, 충청도로 동시에 나가서 영적 전쟁을 하고 있었다.

위에서부터 시작된 성령의 열매가 제주도까지 내려가 온 땅을 덮어주기 바라며 기도했다. 심청각이란 곳에서 북한을 향해 하루속히 체제가 무너져 복음화 통일이 이루어지길 기도했다.

김포 집에 전화했더니 비가 많이 온다고 했다. 일주일 동안 남편이 국민일보를 배달해주느라 애쓰는 걸 생각하니 정말 감사했다. 많이 달라져 가는 남편이 진심으로 고마웠다.

연약한 육신

어느 날 쓴 묵상 노트를 보면, 육신이 힘들어 졸면서 썼는지 글씨가 엉망이다. 새벽 4시 20분에 기상했다. 주일 아침이라 신문 배달은 안 해도 되었다. 기관지 상태가 심상치 않았다. 벤토린을 수없이 투여하고 세레타이드 치료제를 분사시켰으나 기침이 멎질 않았다. 숨쉬기조차 힘들어 옥죄는 가슴을 쥐어뜯으며 마치 마약을 목구멍에 부어 넣듯 계속해서 기관지 확장제인 벤토린을 투약했다.

약에 의존하는 이런 내 모습을 보면서 지금까지의 내 신앙 상태를 회개했다. 과연 내가 이 육신의 질병을 치료받기 위해 얼마나 매달려 기도했는가. 기관지뿐 아니라 오른쪽 팔꿈치, 왼쪽 무릎, 엉덩이뼈가 아파도 참으며 배달을 했다. 이사야서 53장 5절에 분명히, 예수님께서 채찍에 맞음으로 우리가 나음을 입었다고 하셨다. 하나님은 치료하는 여호와라고 수없이 말씀하셨다.

그런데 내가 생각해도 간절한 기도를 쉬고 있었다는 데 생각이 미쳤다. 또 기도만 열심히 하면 되는 것도 아니었다. 합력하여 선을 이루시는 분이시기 때문에, 하나님의 말씀을 지켜 행하는 자여야 한다는 생각이 들었다. 내 신앙을 점검해보았다.

'주의 목전에 이윤을 남겨드리는 삶의 잉여자가 되게 하여 주시옵소서. 이 새벽에 주를 생각하오니 저를 도와주시옵소서. 주님 보시기에 내가 가는 길이 주님의 뜻에서 한 치도 벗어나지 않게 하여 주시옵소서.'

그 후 계속 기도하며 육신의 혹사를 자제했더니 건강이 점차 호전되었다.

자신 없던 날들

쓸 것을 쓰지 못하고 있는 죄책감과 나약함, 답답함과 두려움이 겹치는 마음으로 잠을 잤다. 꿈에서 내 오른손 등이 찢어지며 갯지렁이 같은 징그러운 물체가 손가락 끝으로 기어 나왔다. 내가 왼손으로 잡아당겨 죽죽 뽑아내고 있었다. 그런데 새끼손가락에 있는 놈은 뽑아내지 못한 채 잠에서 깨었다.

글을 쓰지 못하게 했던 어떤 영역에서 사단의 계략이 파괴되는 의미로 받아들여졌는데, 모조리 뽑아내지 못한 것이 내심 맘에 걸렸다. 꿈을 깨고 난 후 예수 이름으로 지연시키는 영과 게으른 영, 훼방하는 흑암의 권세를 물리치는 기도를 개운할 때까지 계속했다. 그러나 그때는 때가 아니었고, 그래서 5년이 더 필요했나 보다. 지금도 그 꿈의 감촉이 남아 있는 듯하다.

다음날은 단단한 변을 보는 꿈을 꾸었다. 그 이유를 지금도 잘 모르지만, 덜 나갔던 것들이 빠져나갔다고 믿었다. 하나님은 내게 용기를 주실 때나 하나님의 뜻을 알려주시고 싶을 때, 또는 깨닫게 해서 바로 잡아 주시고자 하실 때, 꿈을 꾸게 하심을 알 수 있었다. 꿈만을 의존하진 않지만, 내가 어떤 결정을 내리기 전후에 꾼 꿈 얘기가 내게는 참 많다.

연습 없이 가는 길이 인생이라

2003년 3월 8일부터 2007년 6월 10일까지, 드디어 창세기를 시작으로 말라기까지 묵상노트를 쓰는 가운데 잘 마쳤다. 무려 4년 넘게 걸렸다. 지금껏 생각지 못했었는데, 책 쓰라는 말씀을 들은 지 꼭 3년이 되는 날이다. 신기하다. 신약은 여러 번 했지만, 구약을 용기 있게 인내심을 가지고 묵상할 수 있도록 하신 분은 하나님이시란 감동이 왔다. 묵상한 내용이 모두 기억나지는 않지만, 끝까지 한 것에 점수를 주고 싶다.

우상을 섬겼던 내 모습이 생각할수록 죄스럽다. 눈을 감으면 그러고 다니던 내 모습을 연민의 눈동자로 보셨을 하나님의 마음이 짠하게 전해져 온다. 구약의 곳곳에서 치를 떨며 분노하시는 이유는, 하나님이 하나님 되심을 인정하지 않고 옛날의 나처럼 딴짓을 하기 때문이다. 그런데도 난 선택된 하나님의 자녀였다.

내가 세상 속을 전속력으로 달리다가 절벽 앞 막다른 곳에 다

다르면, 하나님의 인자한 손길이 빛 가운데로 걸어 나오도록 인도하셨다. 그 전에 혹시 죽기라도 했다면, 처절한 모습으로 영원히 고통받을 뻔했다는 생각이 들 때마다 등골이 오싹해진다. 정말로 자다가도 벌떡 일어나 감사한다. 국민일보 배달이 아무리 힘든들 무슨 불평이 되겠는가. 연약한 나를 택하여 사용해 주신 하나님께 진심으로 감사드린다. 교육이란 것이 옳다고 여겨지면, 다그쳐서라도 하게 해야 한다. 자녀들도 그렇고 나도 그렇다. 나중에 몰랐었다는 말로 얼버무리는 기만이 하나님 앞에서 과연 통할까.

내가 그래도 이렇게 믿음 안에 살 수 있었던 것은 국민일보를 향한 헌신의 마음이 있었기 때문이다. 남들이 국민일보를 하찮게 여기고 말하면, 나는 정말 속이 상한다. 난 국민일보라는 이름만 들어도 애틋한데 말이다. 많은 부수를 자랑하지는 못해도 한 영역에서 지킴이로 있다는 사실과 작은 일에 충성하는 것이 하나님의 기쁨이란 생각이 들기 때문이다. '역경의 열매'에 나오시는 훌륭한 분들과는 차원이 다르다. 그러나 부족함에도 나를 쓰시겠다는 것은 한 곳에서 주님만을 바라보고 의지했기에, 영혼이 잘되는 축복이 가족들에게 임한 것이라 본다. 믿음이 구독 여부도 가름한다.

국민일보는 보도나 논평에서 좌우로 치우치지 않고 공정성과 균형을 유지하려고 노력해, 국회에서도 무공해 청정 신문으로 꼽힌 바 있다. 국민일보는 내게 천국 가는 길을 환하게 비춰주는 발광체라는 생각도 든다. 나를 일꾼 삼으시고 맡겨주신 이 귀한 사명은 생각할수록 소중하고 나의 영혼을 늘 새롭게 해준다. 어떤 사람들은 성경에 말씀이 다 있는데 굳이 국민일보가 필요하냐고도 한다. 하지만 성경을 안 읽는 분들은 신문도 안 읽고, 성경을 많이 읽는 분들이 신문도 읽는 걸 자주 경험했다. 신문의 중요성을 알기 때문이다. 국민일보는 크리스천이라면 모두가 구독해야 할 신문이라고 말하고 싶다. 무슨 이유가 있겠는가. 국민일보의 중심에 하나님의 말씀이 있기 때문이다. 국민일보는 교회를 보호하고 복음을 전하는 문서 선교지이다.

국민일보에서 다루는 기사에서 강력한 힘이 나타나야 한다. 세상 사람들이 깜짝 놀랄 만큼 많은 부수가 발행되고, 그 부수만큼 많은 구독자들에게 읽혀야 한다. 말세란 말은 세상 사람들도 많이 한다. 진정한 말세라면 사마리아 땅끝까지 복음이 전파되어야 한다. 북한은 땅끝이다. 우리가 걸어 들어가기에 앞서 국민일보가 길을 만들어준다면, 하나님은 우리가 감히 상상하지 못했던 큰 역할을 맡기시고 이루어 가실 것이다. 그렇게 사용하실 수 있도록 100만 독자의 힘이 준비되어야 한다. 언론은 하나님의 말씀만큼이나 날 선 칼처럼 예리하게 작용할 수 있다. 초교파적으로 힘을 모으는 화합이 간절해진다. 창간 때부터 지금까지 계속해서 구독하신 분들을 향한 하나님의 마음은 각별하실 것이다.

내가 이렇게 22년 동안 경험된 자이기 때문에, 하나님께서 내 경험을 책으로 발간케 하신다는 생각이 든다. 게으른 사람의 머리는 악마의 일터란 속담이 있다. 거룩한 삶을 훔쳐가는 은밀한 도둑이라고도 한다. 시간을 소중하게 여기고 보람 있는 일에 게으른 자가 되지 않기 위해 노력하려 한다.

새벽 2시에 하나님이 나를 깨우셔서 예레미야 애가를 펼치게 하신다. 내 삶의 무게가 무거워서 울지도 못하는 내게 찾아오셔서 아는 척을 하신다. 첫 장부터 어찌나 내 마음을 울리시는지 모르겠다. 5장 마지막까지 처음 같은 감동이 계속된다. 예레미야가 예루살렘을 위하여, 무너지는 유다를 위하여 애절하게 부르짖는 이 기도가 어쩌면 구구절절이 내 마음일까.

밤 초경에 일어나 부르짖을지어다. 네 마음을 주의 얼굴 앞에
물 쏟듯 할지어다 각 길머리에서 주려 혼미한 네 어린 자녀의

생명을 위하여 주를 향하여 손을 들지어다(예레미야 애가 2:19)

바로 전날, 나뿐 아니라 가족들이 재정으로 고통당하는 생각을 하면서 가슴 아파 울면서 간절히 기도했다. 이 말씀을 읽으니 마치 하나님이 '내가 보았으니 염려 말고 실컷 더 울기나 하라'고 말씀하시는 것처럼 느껴졌다. 마음속이 후련해졌다. 너무나 흠이 많은 가정이지만, 하나님이 함께하시기에 또한 소중한 가정이었다. 하나님의 사랑과 은혜를 체험하며 나아가는 순례길이기에, 고난에 갇혀 있는 것도 감사할 수 있었다. 하나님의 세계관으로 보며, 한 점에 불과한 인생 앞에서 주저앉아 울고만 있지 않겠다고 다짐했다.

성경에서 하나님은 독수리의 모습을 닮으라는 비유를 40번 이상 말씀하신다. 독수리는 넓고 밝은 시야(시력 6.0)를 갖고 있어서 5,000m 상공에서도 먹이를 보고 공격할 수 있다고 한다. 여의도 4배의 시야를 한눈에 볼 수 있고, 수명은 140~160년이다. 하지만 성경은 독수리와는 감히 비견할 수조차 없는 하나님의 시야를 우리에게 갖게 하신다.

오랜만에 비가 내리고 있었다. 바람을 동반해서 스산한 마음이 드는 새벽이었다. 단비는 분명한데 신문 돌릴 것을 생각하니 일어나기가 싫었다. 비 오는 것이 귀찮았다. 매일 돌려야 한다는 부담감이 더욱 날 힘들게 했다. 그럴 때마다 그 말씀을 생각하며 벌떡 일어나 의도적으로라도 기분 좋게 일하고 오면 하루가 뿌듯해졌다.

'내가 하나님 앞에 하는 게 뭐가 있다고. 이 일이라도 열심히 해야지.'

긴 세월 동안 건강과 생각과 믿음으로 이끌어 주신 것에 감사한다. 이 글을 쓰면서 감사하다는 말을 참 많이 하는 것 같다. 그러나 가식이 아니다. 의지할 사람이 없고 오직 하나님밖에 의지할 곳이 없는 상황으로 몰리면 진정한 감사가 나온다. 잘 되어서 감사하고, 안 되는 것도 잘 될 것으로 믿으면 감사하게 된다.

5년이나 글쓰기를 질질 끌다가 동기부여를 받은 일이 있었다. 국민일보 2009년 1월 22일 자, '전병욱 칼럼'란에 쓰인 글을 읽고 나서였다.

"미루는 습관 중 하나는, 완벽주의 때문이라는 것이다. 언제까지 기다려도 완벽하게 할 수 없는 내가 마음에 안 든다고 자꾸만 쓴 것을 찢다 보면 남는 것은 제로다. 지나치게 높은 기준을 가지고 너무 잘하려고 하니까 시작하기를 머뭇거린다는 것이다. 엉성한 스케치가 있어야 시작할 수 있고, 스케치하듯 시작해야 미루는 습관을 이길 수 있다고 했다. 완벽하게 글을 쓰려고 하니까, 한 장의 글을 쓰는 것도 힘들다. 스케치하듯 엉성하게라도 글을 쓰기 시작하면 쉽게 쓸 수 있게 된다. 또 많이 쓰다 보면, 좋은 글이 나오도록 하나님이 교정해 주신다."

하나님의 교정능력과 치유능력을 믿어야 한다는 이 글을 읽고 정말 큰 힘을 얻어 쓰기 시작했고, 여기까지 왔다. 모세가 지팡이를 내민 것처럼 한발 내밀어 용기 있는 결단에 들어갔다. 간증은 나를 구원해주신 주님의 사랑을 알리는 것이며 체험이기 때문에 중요하다. 또 사단이 사용하는 의심을 막는 방패가 된다.

2009년 3월 20일이었다. 책을 써야 한다는 강박관념과 쓰지 못하는 사이에 많은 시간이 또 흘러가고 있었지만, 자신이 없어서 꼭 해야 하는 건가 별별 생각이 다 들었다. 처음에는 몇 달 만에 후딱 쓸 것 같았다. 그러다가 안 되니 시간이 너무 지체되는 것 같아 걱정되었다. '너 그러려면 아예 관둬라' 하시면서 다른 사람을 찾으실 것 같았다. 조바심이 생겨서 아직도 내가 책 쓰기를 기다리고 계시는지 하나님께 여쭈어보았다.

그러므로 성령이 이르신 바와 같이 오늘날 너희가 그의 음성

을 듣거든 노하심을 격동하여 광야에서 시험하던 때와 같이

너희 마음을 강퍅케 하지 말라(히브리서 3:7~8)

또한 모세는 장래에 말할 것을 증거 하기 위하여 하나님의 온
집에서 충성하였고 (히브리서 3:5)

나를 우리 가정의 모세라고 하신 하나님의 음성을 기억했다. 하나님의 집에서 충성하는 사명이 유효하다고 생각되었다. 자세히 앞뒤를 읽어보니 3장 전체가 내게 해당되는 말씀이었다. 내게 주신 생각이 성령께서 주신 게 확실했다. 검증을 받고 나니 안심은 되었다.

전도서에서처럼 모든 것에는 때가 있는 것 같다. 정말 열심을 내어 빨리 진행하고 싶은데 안 된다. 거기다 사모님이 세 권의 책을 주시며 독후감을 부탁하셨다. 《세계를 품은 그리스도인이 되려면》과 《새들백 교회의 청소년 사역 이야기》, 또 하나는 제목이 생각나지 않는다. 믿고 부탁하셨는데 이것조차 일 년 후에야 써서 갖다 드렸다. 나중에 안 일이지만, 하도 늦게 드려서 받은 것조차 기억을 못 하고 계셨다.

또 이즈음, 세상일이 나를 너무 힘들게 했다. 누구에게 말할 수도 없는 문제들이 산적해 있어서 옆을 볼 수 없었다. 책도 못

쓰고, 독후감도 못 쓰고, 세상일도 그대로이고, 의욕상실 상태였다. 사모님을 볼 때마다 공연히 죄책감에 도망을 다녔다.

징계가 당시에는 슬퍼 보이고 힘들지만 그로 말미암아 연달한 자 참은 자에게는 의의 평강한 열매를 맺나니(히브리서 12장 11절)

현재의 고난은 장차 우리에게 나타날 영광과 족히 비교할 수 없도다(로마서 8장 18절)

내게 용기와 희망을 가져다주는 말씀들이었다. 목사님은 믿는 자에게 다가온 위기는 기적을 만드는 씨앗이라고 말씀하셨다. 예수님의 계산법은 씨앗만 있으면 30배, 60배, 100배, 아니 만 배도 받을 수 있다. 김포 순복음교회로 보내주신 하나님의 인도하심이 정말 감사하다. 목사님과 사모님께서는 고통 속에 주저앉아 있던 나를 일으켜 세워주셨고, 내 안을 정결하게 해주시려고 천천히 나를 교정해 주셨다. 우리 가족들도 한 사람씩 영적으로 올바르게 세워나가게 하시고, 교회 밖에서 불평과 불만으로 서성대던 그들에게 하나님과 교제하도록 도와주셨다. 여의도 순복음교회는 친정과도 같은 곳이다. 내가 아무것도 모를 때 훈련 시켜 주신 영적인 훈련소였다.

성전 건축과 나

담임 목사님께서 조감도 사진 한 장을 액자에 넣어 교회에 걸어 놓으셨다. 바라봄의 법칙으로 오갈 때마다 보며 교회 건축이 이루어질 것을 믿음으로 기도하라고 하셨다. 성도 수가 늘어나자 현재 있던 곳이 너무 비좁아 감당이 되지 않았다. 하나님이 목사님께 교회 건축의 비전을 주시고 소망을 갖게 하신 것이다. 우리는 그 이후 계속해서 기도에 들어갔다.

2004년 12월 1일부터 2005년 3월 30일까지, 120일 동안 전 성도가 느헤미야 기도를 드렸다. 또다시 4월 8일부터는 70일 기도가 이어졌다. 성전 건축과 가정의 영적 건축이 되도록 기도했다. 늘 활기차고 시끌벅적 살아 있는 교회, 하루도 쉬지 않고 예배드려지는 교회다. 땅을 사기 전부터 교회에서는 계속해서 기도회가 이어졌다. 700일 동안 돌아가며 전 성도가 금식한 것은 물론이고, 어떤 날은 한 가정 전체가 금식하며 건축을 위해 어린 아이들까지 기도했다.

2005년 3월 16일, 교회 건축 부지 500평에 대해 계약을 했고, 6월 17일에는 잔금 지급이 끝났다. 반듯하지 못해 쓸모없는 땅으로 여겨던 곳이었는데, 아름다운 성전으로 변해버린 것이다.

2006년 3월 16일 저녁 6시부터 17일 저녁 6시까지, 24시간 동안 역시 금식하며 교회에서 자지 않고 8번 예배를 드린 적도 있었다. 변화를 위한 회복 기도회란 명목으로 드린 특별한 기도회였다. 우리 권사님들이 본격적으로 기도할 수 있도록 건축 현장에 컨테이너 박스를 놓아주셨다. 보일러, 에어컨, 냉장고까지 구비된 방에서 조를 짜서 돌아가며 기도했다.

나는 동생네 식당에서 아침 10시부터 일을 봐주고 밤 11시가 넘어야 컨테이너에 도착했다. 그래도 눈이 오나 비가 오나 사명을 가지고 참석했다. 12시가 넘어 집에 도착하면 잠도 못 자고 배달을 마친 후에 잠깐 눈을 붙이고, 그대로 아침에 다시 일하러 가는 날도 있었다.

남동생네가 큰 음식점 체인점을 경영하기로 했는데, 종업원이 10명 필요하다고 했다. 하도 부탁하기에 경험도 없지만, 식당일을 도와주었다. 한편으로는 나도 재정적인 도움이 될 것 같았다. 많은 종업원이 수시로 바뀌기도 했지만, 사귐을 갖고 예수님을 전했다. 전도의 밭이었다. 아침에 오토바이로 출근할 때마다 '오늘도 예수님을 전할 수 있게 해주세요'라고 기도하며 갔다.

가끔 교구장님과 전도사님이 오셔서 그들에게 기도해 주었다. 많은 사람이 결신은 했으나 예배 시간과 출근 시간이 맞물려 계속 나가진 못했다. 그러나 그들 마음 가운데 예수님을 알리고 교회의 좋은 이미지를 심겨주기 위해 노력했다. 다른 데 가서라도 기회가 있으면 꼭 교회에 나갈 것을 바랐다.

하나님은 오히려 힘든 와중에 많은 사람을 전도하게 하셨고 영혼을 사랑하는 마음을 갖게 하셨다. 가장 기억에 남는 사람은 중국에서 온 염전화 자매님이다. 침례까지 받고 열심히 다닌 첫 열매다. 중심에 신앙은 있지만, 지금은 바쁘다는 핑계로 못 나오고 있는 동생 부부도 교적에 올라 있다. 마음으로 받아들이는 중심이 있음을 알고 있다.

교회 건축이 본격적으로 시작되기 전 최 권사님과 임 권사님과 나는 특별한 기도를 하기로 결심했다. 박종훈 집사님이 쓴 《기도에 생명을 걸고》라는 책을 읽었다. 그분은 우리의 더러움을 똥밭이라고 표현하고 있었다. 하루에 7시간 이상 기도한다고 했다. 기도를 하루 쉬면 한 달 동안 무효가 된다며 호흡과 같이 여기고 기도를 쉬지 말라는 것이었다.

우리도 기도문을 작성해서 말씀과 함께 선포하며 기도했다. 교회 건축과 관련해서 목사님께서 받은 말씀은 역대상 22장 10~16과 19절이다. 그 말씀을 주축으로 예수님이 십자가에서 흘리신 보혈에 대해 감사기도를 하고, 그 중간에 찬양도 10곡 넘게 불렀다. '저 성벽을 향해, 보혈을 지나, 약한 나로 강하게, 유월절 어린양의 피로, 기대, 야곱의 축복, 모든 열방 주 볼 때까지, 주님 보좌 앞에 나아가, 주 여호와는 광대 하시도다, 주님 말씀하시면' 등이다. 하나님의 말씀도 선택해서 선포했다. '고후 8:9, 고후 9:8, 고후 10:4, 시 149:6~9, 히 12:2. 갈 3:13~14, 요 11:40. 고후 9:10~11, 빌 4:4~7, 엡 6:10~20, 엡 5:8~10, 갈 2:20, 마 14:19~21, 갈 6:2, 히 4:12~13'이 외에도 말씀을 30분 정도 선포했다. 중보기도를 하기로 결심한 그 날은 마침 시편 122편을 묵상한 날이었는데, 한 절씩 풀어서 쓴 것을 적어본다.

1절, 사람이 내게 말하기를 여호와의 집에 올라가자 할 때에 내가 기뻐하였도다.

(교회에서 중보기도 하기로 작정한 것 기뻐하심)

2절, 예루살렘아 우리 발이 네 성문 안에 섰도다

(기도하기 위해 들어서는 우리들의 발)

3절, 예루살렘아 너는 조밀한 성읍과 같이 건설되었도다

(건축을 위한 세밀한 부분까지 기도함)

4절, 지파들 곧 여호와의 지파들이 여호와의 이름에 감사하려고 이스라엘의 전례대로 그리로 올라가는 도다

(기도자의 사명을 가지고 올라감)

5절, 거기 판단의 보좌를 두셨으니 곧 다윗 집의 보좌로다

(성전을 짓기 위한 우리의 목표)

6절, 예루살렘을 위하여 평안을 구하라 예루살렘을 사랑하는 자는 형통하리로다

(교회 건축을 위해 기쁨으로 기도하는 우리에게 형통케 하실 것임)

7절, 네 성안에는 평강이 있고 네 궁중에는 형통이 있을지어다

(교회도 평안할 것이고, 기도하는 자도 형통함)

8절, 내가 내 형제와 붕우를 위하여 이제 말하리니 네 가운데 평강이 있을 찌어다

(성도들을 대신하는 중보 가운데 있을 평강)

9절, 여호와 우리 하나님의 집을 위하여 내가 네 복을 구하리로다

(성전을 위하여 또 우리를 위하여 기도할 때 주실 복을 기대하라)

교회를 지으려면 150억 원 정도가 필요하다는데, 그때의 교회 재정으로는 엄두도 못 낼 형편이었다. 우리 셋은 무조건 2005년 8월 4일부터 기도에 들어갔다. 기한도 정하지 않고, 기도 시간도 밤 10시 이후라고만 정했다. 오병이어의 기적을 간절히 바라면서 셋이서 십시일반으로 감사헌금을 심었다. 적은 금액이지만 가까운 시일 내에 1억 원을 주십사하고 기드온처럼 표적도 구했다.

헌금 봉투를 드릴 때 최 권사님에게 성령이 강하게 역사하셨다고 했다. 그래서 많이 우셨다고 했다. 정말 기적이 일어나 주기를 바랐고, 믿고 있었다. 교회 옥상, 가건물로 지은 식당에 앉아 두 시간 정도 매일 기도했다. 다음날도 반드시 와서 기도할

수 있도록 기도 시간을 보호해 달라고 부탁드렸다. 늦게 자는 습관과 신문 때문에 쪽잠을 자는 데도 이젠 이력이 붙었다. 잠깐잠깐 자면서 내가 할 일도 미루지 않았다. 남편에게 싫은 소리를 듣는 것은 이미 습관이 되었고, 남편도 이제는 차라리 날 이해해 주자는 편으로 돌아섰다. 전원주택으로 와서는 본격적으로 배달을 도와주었다. 난 매일 늦게까지 기도하고 오는 것에 대해 이해를 구했다. 건축헌금을 할 수 없는 형편이니 기도로 대신할 수 있도록 해달라고 부탁해 허락을 받고 편하게 다녔다.

임 권사님은 열흘 정도 지나고 나서 천안의 아들네로 가셨다. 최 권사님과 둘이서 정말 하루도 안 빠지고 기도할 수 있도록 하나님께서 인도하셨다. 며칠에 한 번씩 하나님이 원하시는 기도를 하기 위해 말씀을 받아서 기도했다. 이런 기도 방법을 알게 해 주신 최 권사님은 내가 예수님을 만나자마자 영적으로 성장할 수 있도록 인도해 주신 나의 멘토이시다. 느헤미야처럼 은밀하게 기도한 것인데, 더는 기도할 수 없는 상황이 자연스럽게 만들어졌다. 끝내고 보니 8월 4일~12월 4일까지 우리가 느헤미야 기도를 성공적으로 마친 것이다.

둘이서 은밀히 교회를 위해 중보하는 것이 이렇게 큰 기쁨이 될 줄은 꿈에도 몰랐다. 뿌듯함에 가슴이 꽉 차오르는 것 같았다. 작은 물질이었지만 오병이어의 기적을 바라며 1억 원의 표적을 구하고 있었던 우리 앞에 정말로 기적이 이루어졌다. 사모님이 미국의 어떤 교회에 가셔서 세미나를 인도하셨는데, 그곳 목사님께서 1억을 보내주셨다는 소식을 들었다. 우리는 뛸 듯이 기뻐했다. 우리에게 용기를 주는 소식이었다. 성도들의 가정이 복을 받아야 하기에, 그들의 사업장과 직장과 범사가 잘 되게 해달라고 간구했다.

어느 가정은 형편이 안 좋았기 때문에 의료 보험료를 거의 못내고 있었는데 탕감을 받았다고 했다. 우리가 알려고 하지 않아도 좋은 소식이 많이 들려왔다. 5,000명을 먹이고 남는 12 바구니가 우리의 것이 되게 해주실 것도 기도했다. 우린 국민일보를 위해서도 빠뜨리지 않고 기도했다. 최 권사님은 장기 지국을 운영할 때 이익이 없음에 관여하지 않고 순종하는 내 모습을 주께 아뢰었다고 했다. 재정적으로 어려움을 당하지 않게 해달라고 하셨을 때 로마서 4장 4절 말씀을 주셨다고 했다.

일하는 자에게는 그 삯을 은혜로 여기지 아니하고 빚으로 여기거니와 (로마서 4:4)

권사님은 내게 이 말씀을 하시며 나보다 더 감격해하셨다. 이십 년 가까이 내가 사랑한 국민일보가 나의 사랑을 받아들이고 '나도 너를 사랑한다'라고 고백해주는 기분이었다.

4개월간의 우리 기도가 끝난 날은, 세 권에 대한 독후감을 써서 갖다 드린 날이기도 하다. 글쓰기에 노심초사하다 시립도서관에 갔는데, 우연히 어떤 책을 발견했다. 존 아반지니 박사의 《채무의 영을 결박해야 산다》였다. 아직 갚지 못한 채무가 많았는데, 그 책을 그날로 다 읽었다.

그곳에 쓰인 대로 채무증서를 만들고, 내가 갚아야 할 채무명세를 모두 적었다. 그리고 '채무에서 해방되기 위한 선언문'과 '채무증서를 주 앞에 올리며'라고, 내 이름을 넣은 후 책을 보고 기도문을 만들어서 매일 선포했다. 이렇게 2년을 기도했더니 은행 빚을 반 이상 탕감시켜 갚게 하셨다. 또한 시급한 것들을 거의 해결해 주셨다. 그 책을 보게 하신 것이 성령님이셨다고 여겨졌다.

제비뽑는 것은 다툼을 그치게 하여 강한 자 사이에 해결케 하느니라 (잠언 18:18)

가룟 유다가 배반하고 죽은 후, 제비뽑기로 맛디아를 열두 제자 중 하나로 정하는 것을 보았다. 내 안에서 건축헌금 금액을 놓고 다투는 일을 그치게 하려고 나는 금액을 대여섯 장 써서 뽑기로 결정했다. 지금도 그 금액을 다 드리지 못한 것이 안타깝다. 성경 곳곳에서 제비를 뽑아 결정하는 많은 예를 보았다. 내가 그것을 믿은 것이다.

700일 기도회가 거의 끝나가자 교회의 이삿짐이 하나씩 미리 옮겨졌다. 입당 예배를 드리는 날, 우리 둘은 눈물 콧물을 흘리며 감사의 기도를 올려드렸다. 건축 위원으로 사용해 주신 것을 감사드렸다. 모두 힘들었던 일들이 추억이 되었다. 아름다운 성전을 주심에 감사드렸다. 민원도 막아 주셨고, 인사 사고도 없게 하셨고, 많은 은혜 주심에 기뻐했다.

> 그 위에 속죄소를 덮는 영광의 그룹들이 있으니 이것들에 관하여는 이제 낱낱이 말할 수 없느니라 (히브리서 9:5)

마치 새 성전을 묘사한 것처럼 상상을 하게 하시는 말씀이었다.

6년이 넘게 걸린 글쓰기

　책 쓰라는 성령의 음성을 들은 후 매일매일 날짜를 꼽고 있는데, 쓸 기미가 전혀 없었다. 하지만 지나고 보니 그동안 나를 여러모로 만들어 가셨음을 알 수 있었다. 조금씩 무언가를 내려놓거나, 깨달아 행하였거나, 영혼을 사랑하는 마음을 갖게 되었다거나, 남에게 긍휼한 마음을 갖도록 훈련받게 하시는 하나님의 계획 속에 때가 오기를 기다린 셈이었다. 요모조모 나를 쓰실만한 그릇이 되기까지 많은 날이 필요하셨다. 아니, 아직도 멀었지만 아쉬운 대로 쓰시기로 작정하신 것이다.

　본격적으로 쓰기 위해《역경의 열매》가 어떻게 쓰였는지 공부했다. 글 쓰는 요령을 어느 정도 익혀서, 말하고자 하는 바를 전하는 데 부족함을 줄이기 위해서였다. 책을 쓰고 난 후 남편이 읽으면 어쩌나 하는 두려움이, 사실은 나를 오랫동안 쓰지 못하게 한 부분도 있었다.

　하지만 남편보다 너무나도 크신 하나님만 보기로 했을 때 내게 용기가 생겼다. 한때 남편을 용서하지 못할 때가 있었다. 용서하지 못하는 것은 영적으로 상대에게 계속 묶이는 것이며, 자신의 심령에 독을 퍼뜨리는 일이라고 한다. 내가 미워한 것을 회개하고 용서를 구했다. 심판하고 복수하고 싶은 권리를 하나님께 맡기고, 그분의 은혜로 의로운 관계가 되기 원했다.

그 아내의 행위로 말미암아 구원을 얻게 함이니 (베드로 전서 3:1~2)

내가 아내로서 옳게 서는 것이 해답이고, 잘하고 있지 않은가. 내가 느끼기에 남편도 사실 마음으로 많은 부분 하나님 앞까지 다가와 있음을 난 안다. 예레미야 6장 30절의 말씀처럼, 여호와께 버림받은 은이라 여기는 자가 아니라 여호와께 선택받아 칭찬받는 금으로 살아가고 싶다.

사람들이 그들을 내어버린 은이라 칭하게 될 것은 나 여호와가 그들을 버렸음이니라 (예레미야 6:30)

2008년 6월 24일, 교회 근처 빌라로 이사를 했다. 저녁기도

오토바이에 복음을 싣고

회에 빠지지 않고 참석하기로 작정했다. 교회가 가까우니 너무 즐거웠다. 3개월 동안 빠지지 않고 기도했던 날, 나 자신을 스스로 칭찬하고 싶었다.

내가 너를 복중에 짓기 전에 너를 알았고 네가 태에서 나오기 전에 너를 구별하였고 너를 열방의 선지자로 세웠노라 (예레미야 1:5)

그 순간 나를 향한 주님의 생각을 알았다는 사실에 새로운 감격이 밀려왔다. 기쁨의 눈물을 많이도 흘렸다. 10월 31일 철야시간, 수십 년을 들어왔던 요한3서 2절 말씀이 새삼스럽게 내마음을 뒤흔들었다.

사랑하는 자여 네 영혼이 잘됨같이 네가 범사에 잘되고 강건하기를 내가 간구하노라 (요한3서 1:2)

영혼이 잘되어야 범사도 건강도 잘된다는 말씀이었다. 역으로, 영혼이 잘되지 않으면 아무것도 바라지 말아야 한다는 것이었다. 지금까지 이렇게 강하게 부딪혀 오진 않았다. 무릎의 신앙이 가족들의 영혼을 구원한다고 하셨다. 무릎을 덜 꿇었다는 말씀이었다.

"하나님 제가 어떻게 하면 될까요?"

우리가 이같이 큰 구원을 등한히 여기면 어찌 피하리요 (히브리서 2:3)

아직 교회에 나오지 않고 있는 가족들을 위해 내가 마땅히 해야 할 일을 짚어 보았다. 가족구원의 문제를 등한히 여기고 있다고 나를 질책하시는 거라고 여겨졌다. 사실이었다. '기도하고 있으니 언제고 나오겠지' 하는 안일한 생각이 없지 않았다.

다음날인 11월 1일부터는 가족의 구원 문제와 책 쓰는 문제만을 놓고 기도하기로 마음먹었다. 하루를 24시간으로 따져서 7분의 1만 먹고, 7분의 6은 금식하기로 결정하고 나니 세 시간 반만 먹어야 했다. 책을 쓰는 것도 성령이 충만한 상태에서 써야 함이 마땅하다고 여겨졌다. 하루도 거르지 않고 저녁 7시부터 9시까지 기도했다. 체중은 7kg 이상 줄었다. 4개월째 되는 날, 내심 기대했지만 아무런 기적도 일어나진 않았다. 대신에 에베소서 5장 10절 말씀을 주셨다.

주께 기쁘시게 할 것이 무엇인가 시험하여 보라 (에베소서 5:10)

말라기 3장 10절 말씀만 주를 시험하라고 하시는 줄 알았는데, 시험하라는 곳이 또 있다는 것에 보물을 만난 것 같았다. 위의 8~9절까지도 읽어보았다.

너희가 전에는 어두움이더니 이제는 주안에서 빛이라 빛의
자녀들처럼 행하라 빛의 열매는 모든 착함과 의로움과 진실
함에 있느니라 (에베소서 5:8~9)

주를 기쁘시게 하는 것을 내가 하고 있다는 보람을 느끼게 하시며 8개월 동안 기도하게 하셨다. 그 시간이 되면 성령님이 웃으시며 맞아 주시는 듯했다. 책도 쓰게 하셨고, 둘째 아들은 원래 침례까지 받았기 때문에 큰 염려 없이 계속해서 나오리라 믿고 있다. 손자는 얼마나 열심히 즐겨 교회에 나오는지 모른다. 남편 역시 교회에 대한 편견을 많이 버렸다. 곧 나오리라 여기고 있다.

난 본격적인 기도에 들어가기 전, 예수님이 나를 위해 십자가에서 흘려주신 보혈에 감사하며 조목조목 기도를 했다. 조용기

목사님의 '일상생활 중 기도하는 법'이란 말씀 테이프를 정리해서 성막형 기도를 하면 30분이 지나갔다. 나라와 민족을 위해, 섬기는 교회를 위해, 주변에 전도할 대상을 위해, 가정의 범사를 위해, 국민일보 100만 구독자 달성을 위해 기도하면 1시간 정도가 된다. 되도록 새벽에 기도하려고 애쓴다. 못하는 날도 물론 있다. 하루에 두 시간은 해야 한다고 내 기도 분량을 정하고 있다.

내가 예수님과 국민일보를 만난 시기는 비슷하다. 그런 국민일보를 위해 특별한 기도가 사명처럼 필요했다. 4차원의 영적 세계를 읽고 배운 기도 방법을 적용했다. 믿음의 씨앗을 심고 주님께서 도와주실 것을 믿는다고 선포했다. 우주 안에 모든 믿음이 흘러 들어와서 내 마음에 가득히 차기를 기다렸다.

'국민일보야, 나는 네가 나를 통해 5만 부가 구독되도록 예수 이름으로 명하노라.'

하나님이 주시는 믿음을 받아들이기로 하고, 문제의 산을 향해 물러갈 것을 명령하고, 계속해서 선포해 나갈 것이다.

어떤 분이, 내가 간증 책을 쓴다니까 열매를 보여 달라고 말씀하셨다. 보여줄 수 있는 열매를 당당하게 내밀 수 있는 사람이 얼마나 될까. 나 역시 부끄러울 뿐이다. 하지만 이 책이 통로가 되어 국민일보의 열매가 5만부, 아니 10만부 이상 주렁주렁 열릴 것을 믿음의 눈으로 바라보며 나아갈 것을 결정했다. 그 열매가 농익어서 사람들의 눈에 그 결실이 보일 때까지, 성령님 그분만이 아시고 힘껏 도와주실 것을 확신한다.

이번에 정식으로 책을 출판할 계획 앞에서 참 야무지게도 큰 꿈을 꾸었단 생각을 했다. 그러나 그 숫자를 바꾸고 싶은 마음은 없다. 성령 충만한 상태에서 그런 생각을 주셨다고 믿기 때문이다. 가끔 책을 읽는데, 아무리 봐도 내 솜씨로 여겨지지 않는다. 성령님께 늘 부탁했기 때문에, 성령님이 도우셨음을 알고 있다.

엘리스 스미스 목사님은 계절의 모습으로 신앙 훈련을 받는 것에 대해 표현하셨는데, 절대적으로 동감한다. 봄은 드러내는 계절로, 기도 시간이 들뜨고 흥분되고 즉시 응답된다. 여름은 봄에 주신 것이 성취되는 열정의 계절로, 성령의 권능이 임하여 능력이 일어난다. 영적인 가을도 낙엽처럼 떨어져 나가는 가지치기의 과정이 있는데 하나님과 친밀함으로 나가는 과정이다. 가을에 우리는 쇠하여지고 주님은 존귀해지는 시기가 된다. 겨울은 벌거벗겨지는 계절로 모든 것이 죽은 것같이 멈추어져 있고 응답도 없다. 시험의 계절이 절망케 한다. "하나님 도대체 어디에 계십니까?" 하고 절규한다. 마취하지 않고 심장 수술을 받는 것 같은 통증으로 고통스럽다. 잘 견디는 나를 하나님께서 인정하시도록 겪을 때, 나는 나의 정체성을 알게 되고 동면하는 동안 다음 계절을 준비하게 된다.

마치 지금의 내 모습이 겨울과 같다는 생각이 들었다. 죽은 것 같이 기도의 응답도 없고, 아무것도 가진 것이 없지만, 내 인생의 겨울 동굴에서 벌거벗기는 체험이 나를 포기하지 않고, 오로지 하나님만 의지하는 삶을 살게 하셨다.

> 너희 몸은 너희가 하나님께로부터 받은바 너희 가운데 계신 성령의 전인 줄을 알지 못하느냐 너희는 너희의 것이 아니라 값으로 산 것이 되었으니 그런즉 너희 몸으로 하나님께 영광을 돌리라 (고린도 전서 6:19~20)

너희 몸으로 하나님께 영광을 돌리라고 하셨는데, 과연 내가 몸으로 돌려드릴 일은 무엇일까? 그래서 나는 이 일에 내 인생의 진액을 짜내고 있다. 책으로 나오게 하려는 노력은 너무 많은 시간을 허비하게 했다. 원고가 나오고도 1년 반이 지났지만, 선뜻 내줄 출판사가 없었다. 내가 유명한 사람도 아닌 데다 내용도 귀가 번쩍 뜨일 만한 게 아니니 이해가 되었다. 이 책을 읽은 몇몇 출판업계 사장님들이 초신자들에게 선물하면 참 좋을 것 같다고 말씀하셨다. 그렇게 되면 너무 감사할 일이고, 국민일보 구독의 촉진자 역할을 하는 책이 되길 간절히 바라는 마음이다.

어느 날 철야 시간에, 아브라함이 롯을 떠나보내는 구절에서 나는 큰 감동을 받았다.

아브라함에게 이르시되 너는 눈을 들어 너 있는 곳에서 동서남북을 바라보라 보이는 땅을 내가 너와 네 자손에게 주리니 영원히 이르리라 내가 네 자손으로 땅의 티끌 같게 하리니 사람이 땅의 티끌을 능히 셀 수 있을진대 네 자손도 세리라 너는 일어나 그 땅을 종과 횡으로 행하여 보라 내가 그것을 네게 주리라 (창세기 13:14~17)

나는 롯이라 여겨지는 재정난을 떠나보내며, 아브라함에게 주실 축복들이 모두 내게로 몰려올 것을 바라며 믿었다. 시간이 지났을 뿐 반드시 이루어 주실 것이라 물론 믿고 있다. 쓸 것을 거의 썼구나 싶다가도, 빠트린 것이 있지나 않을까 점검해본다.

국민일보가 재정적인 어려움에 처했다는 소식을 처음 들었을 때, 나는 마음이 칼에 베인 것처럼 아렸다. 물론 잘못 안 것일 수도 있다. 기도인지 안타까움인지 알 수 없는 가슴앓이를 하며 며칠을 지냈다. 하지만 자녀가 잘못되었다고 버리지는 않는다. 사랑은 본능이다. 옳고 그름의 판단은 오직 하나님의 몫이다. 다른 사람의 죄에 필요 이상으로 간섭해 분탕질할 필요는 없다. 나는 무조건 사랑하기로 결정했고, 또 그럴 수밖에 없다. 국민일보는 내 분신과 같았다. 긴 세월을 국민일보와 동고동락한 핏줄이기 때문이다. 모든 크리스천이 나와 같은 마음을 갖고 품어주었으면 정말 좋겠다.

국민일보의 탄생은 하나님이 계획하신 거대한 잔칫상이다. 잔치에 초청받을 사람은 하나님이 정하실지도 모른다. 내 핏속에는 예수님의 DNA가 늘 흐르고 있다. 내 생각과 예수님의 생각이 같아서 충성스러운 종으로 살고 싶다.

내가 걸어온 길을 되돌아보고 글로 옮기는 과정이 쉽지는 않았다. 아마추어 솜씨지만 이렇게라도 남의 도움 빌리지 않고 표현해서 나갈 수 있도록 성령님께서 특별히 지혜를 주신 것에 감사할 뿐이다. 의도적으로 쓰지 않은 얘기가 더 있다. 그 얘기까지도 들어줄 사람을 기다릴 것이다. 가진 것이 없음을 더욱 감사하는 나의 가는 길에, 다시 오실 예수님이 오시는 그날까지 말이다.

 너는 나의 잊음이 되지 아니하리라 (이사야 44:21)

내 것이라

그대, 삶이 궁금하면
내게로 달려오렴

왜 사는지 모를 땐
뒤를 돌아보아
지워지지 않는 그림자 안에
갇힌 그대로라도
서 있기만 하면 되는 거다

어디로 가는지 모를 땐
좁은 길 외치는 곳에
그대로 누워 보렴

오토바이에 복음을 싣고

서로 다른 마음은

자꾸만 커져

저만치 터널 끝 다다를 즈음

품으신 사랑 떼어

그 길가

핀 꽃 엮은 꽃목걸이 만드시고

그대 보이는 길목에 서서

하시던 일 밀어둔 채

기다리실 님이신데

너무 늦지 않게

맨발로 급히 오렴

너그러운 품 안에서 익어가도록